AFFAIRES ÉTRANGÈRES.

# DOCUMENTS DIPLOMATIQUES.

## N° XIII.

### NOVEMBRE 1869.

PARIS.

IMPRIMERIE IMPÉRIALE.

M DCCC LXIX.

# TABLE SOMMAIRE.

---

# EXPOSÉ

DES

## AFFAIRES POLITIQUES ET COMMERCIALES.

# AFFAIRES ÉTRANGÈRES.

---

## AFFAIRES POLITIQUES.

L'année qui approche de son terme a été signalée à son début par un grand et heureux effort de pacification : les difficultés survenues entre la Turquie et la Grèce, qui avaient pris si rapidement des proportions inquiétantes pour le repos de l'Europe, ont été résolues grâce à la sage entremise des Puissances signataires du Traité de 1856 et à la décision dont elles ont fait preuve dans ces conjonctures critiques. Leurs représentants, réunis en conférence à Paris, ont réglé d'une manière satisfaisante les questions délicates qui divisaient les deux Cabinets; les documents publiés à l'issue même des délibérations témoignent de l'esprit conciliant qu'ont apporté dans cette négociation toutes les Cours appelées à y prendre part.

Non moins que la Turquie, la Grèce a trouvé son avantage dans une solution qui a contribué à fortifier son Gouvernement contre les entraînements des partis. L'animosité a fait place à un désir de transaction réciproque dont un épisode, qui n'avait d'ailleurs qu'une importance secondaire, a permis bientôt de constater les effets favorables.

La rupture des relations diplomatiques avait soulevé une question également délicate pour les deux pays. Il s'agissait de déterminer la situation d'un certain nombre d'individus qui, invoquant la protection hellénique, étaient réclamés comme sujets du Sultan. Voulant réagir contre l'abus qui avait été fait de la naturalisation, la Porte avait, pendant cette crise même, publié une loi destinée à fixer les conditions auxquelles se perd ou s'acquiert la nationalité ottomane; mais cette loi était dénoncée comme contraire aux Capitulations. Un moment, on put croire que le débat appellerait une nouvelle intervention des Puissances. Toutefois, l'étude faite de la loi ottomane par les soins du Gouvernement de l'Empereur a eu pour résultat de mettre hors de doute qu'elle était d'accord avec les principes généraux du droit. Cette opinion, fondée sur un avis des jurisconsultes éminents qui forment le comité du contentieux établi auprès du Département des Affaires étrangères, n'a pas été contestée, et les deux Cours de Turquie et de Grèce, déférant aux conseils qui leur étaient donnés, sont convenues de régler en dehors de toute ingérence étrangère, en prenant l'équité pour base, les cas particuliers sur lesquels elles pourraient se trouver divisées.

En apaisant le conflit dont l'imminence avait ému les Cours européennes, la Conférence de Paris n'avait pas seulement conjuré un danger immédiat, elle avait du même coup mis un terme aux agitations qui, sur d'autres points, menaçaient la tranquillité de l'Orient et qui, rattachées plus ou moins directement au mouvement hellénique, auraient pris un caractère plus grave si les hostilités, comme on avait pu le croire un moment, eussent éclaté entre la Turquie et la Grèce. Sous ce point de vue, l'œuvre de la Conférence avait été encore plus féconde peut-être que le Gouvernement de l'Empereur n'osait l'espérer dans le principe, car le calme de ces contrées n'a plus été troublé depuis lors.

D'un autre côté, rapprochés par une délibération commune, les Cabinets ont pu se rendre un compte plus exact de leurs dispositions mutuelles. La mission pacifique qu'ils avaient accomplie de concert devait contribuer en même temps à l'affermissement des bons rapports entre chacun d'eux. L'année s'est en effet écoulée sans qu'aucun dissentiment grave soit venu compromettre leurs relations et, dans la variété des incidents qu'amène la marche des affaires, aucun n'a pu prévaloir sur le désir de conserver la paix. Tel est le sentiment dont le Gouvernement de l'Empereur, en ce qui le concerne, s'est montré partout animé, et il a été heureusement secondé par les dispositions semblables qu'il a rencontrées auprès de toutes les autres Puissances.

La situation de la Confédération de l'Allemagne du Nord et des États du Sud ne s'est pas sensiblement modifiée; nous n'avons vu dans les questions qui ont occupé les Cabinets allemands durant le cours de cette année aucun motif de sortir de la réserve que nous avons observée en présence des transformations qui se sont opérées au delà du Rhin. Nos relations avec l'Allemagne n'ont pas cessé d'être très-amicales.

L'opinion publique s'est un moment préoccupée de la difficulté survenue à propos des arrangements contractés entre une compagnie de chemins de fer française et une compagnie belge. Nous nous sommes efforcés de conserver à la question un caractère exclusivement économique. D'un commun accord, la révision des traités dont la Belgique s'était montrée inquiète a été remise à une commission composée d'hommes spéciaux, et les administrations des chemins de fer intéressés ont signé, conformément aux conclusions de cette commission, de nouveaux arrangements qui donnent satisfaction aux besoins du trafic international comme aux intérêts commerciaux des deux pays.

La conduite que nous avons suivie à l'égard de l'Espagne a fourni la preuve de notre scrupuleux respect pour le droit des peuples qui nous entourent. Au milieu des agitations des partis, notre devoir était de veiller avant tout au maintien de notre neutralité. Grâce aux mesures prises par le Gouvernement de l'Empereur sur notre frontière, nos obligations internationales ont été rigoureusement remplies. Nous nous sommes abstenus, en outre, avec le plus grand soin, de tout ce qui aurait pu dénoter de notre part l'intention de nous immiscer dans les pourparlers ou les démarches relatives au choix d'un souverain. Le Cabinet de Madrid, saisissant une occasion que lui présentaient les débats des Cortès, s'est plu à rendre à la sincérité de notre attitude un hommage public. Aujourd'hui, l'Espagne poursuit son travail de réorganisation intérieure, et nous faisons des vœux pour qu'elle parvienne à se reconstituer dans les conditions les plus propres à assurer sa sécurité et sa grandeur.

En Italie, l'ordre s'affermit de plus en plus malgré les efforts du parti révolutionnaire pour y ramener l'agitation. Cet apaisement marque un progrès constant de l'esprit public dans la Péninsule et ne peut que fortifier les rapports de confiance et d'amitié entre le Gouvernement Italien et le Gouvernement Français.

A la faveur de la tranquillité qui règne dans les Etats du Saint-Siége, les évêques du monde entier vont se réunir à Rome. Le Pape a convoqué au Vatican un Concile œcuménique. Les matières qui seront traitées dans cette assemblée échappent pour la plupart à la compétence des pouvoirs politiques de nos jours, et, sous ce rapport, la situation diffère manifestement de ce qu'elle était dans les siècles passés. Aussi, le Gouvernement de l'Empereur, renonçant à user d'une prérogative que les souverains de la France avaient toujours exercée sans contestation, a-t-il résolu de ne pas intervenir dans les délibérations par l'envoi d'une ambassade accréditée auprès du Concile. Il lui a paru, non-seulement que cette détermination était la plus conforme à l'esprit de notre temps et à la nature des relations actuelles entre l'Église et l'État, mais qu'elle était aussi la plus propre à dégager sa responsabilité à l'égard des décisions qui seront prises. Le Saint-Père lui-même, au surplus, semble avoir reconnu la valeur des considérations qui nous guident, puisqu'il s'est abstenu d'inviter les Princes chrétiens à se faire représenter dans la réunion des évêques. Toutefois, notre intention n'est pas de demeurer indifférents à des actes qui peuvent exercer une si grande influence sur les populations catholiques de tous les pays. L'Ambassadeur de l'Empereur à Rome sera chargé, s'il y a lieu, de faire connaître au Saint-Siége nos impressions sur la marche des débats et la portée des résolutions préparées. Le Gouvernement de Sa Majesté trouverait au besoin dans nos lois les pouvoirs nécessaires pour maintenir contre toute atteinte les bases de notre droit public. Nous avons d'ailleurs trop de confiance dans la sagesse des prélats aux mains de qui sont remis les intérêts de la catholicité, pour ne pas croire qu'ils sauront tenir compte des nécessités du temps où nous vivons et des aspirations légitimes des peuples modernes.

Les Gouvernements catholiques auxquels nous avons fait connaître nos intentions ont tous approuvé notre manière de voir, et comptent s'abstenir d'avoir des représentants au sein du Concile.

Dans cette grande question d'ordre moral, comme dans celles que soulève la rivalité des intérêts politiques, les Cabinets sont dirigés par le désir d'écarter ce qui peut être une cause de trouble pour les esprits et susciter des complications. Le même sentiment se manifeste aujourd'hui à propos de tous les incidents qui viennent solliciter l'attention des Puissances.

Les rapports du Vice-Roi d'Égypte avec le Sultan nous ont causé récemment quelques préoccupations. À son retour du voyage qu'il a fait dans plusieurs États de l'Europe, le Khédive a reçu du Grand-Vizir une lettre où certains actes de son administration étaient signalés comme dépassant la mesure des priviléges concédés par les firmans de 1841 et de 1867. La Porte blâmait notamment l'extension donnée aux armements de terre et de mer; rappelant le lien de dépendance qui rattache l'Égypte à la Turquie, elle demandait que le budget de cette province fût désormais soumis au Gouvernement central; que le Vice-Roi s'interdît de conclure des emprunts sans l'autorisation du Sultan, et qu'il ne traitât aucune affaire importante avec les Puissances étrangères en dehors de l'intervention des agents diplomatiques ottomans. Tous nos efforts ont été employés à empêcher ce débat de s'aggraver et, de concert avec les Cabinets de Londres et de Vienne, nous avons tenu avec insistance aux deux parties le langage de la conciliation. Nous voulons espérer que les conseils des Puissances ne seront pas inutiles et que la sagesse triomphera de difficultés qui consistent bien plus dans l'interprétation à donner aux firmans constitutifs de la situation de l'Égypte, que dans des prétentions nouvelles tendant à la modifier; car le Gouvernement Turc aussi bien que le Vice-Roi ont déclaré, dès le principe, qu'ils désiraient maintenir le *statu quo* comme base de leurs rapports.

Au moment où les Cabinets traitaient cette question avec la Porte et le Khédive, une œuvre essentiellement pacifique et de nature à inspirer à tous les peuples des pensées d'union et de concorde arrivait à son terme en Égypte même. Le canal de Suez ouvrait définitivement la mer Rouge et l'extrême Orient au commerce direct de l'Europe. La France a suivi avec une sympathie patriotique la Souveraine qui est allée en son nom, à côté des représentants augustes de puissantes nations, applaudir sur de lointains rivages à la réalisation de cette grande idée.

Le développement de plus en plus considérable de nos relations avec l'Égypte donne un intérêt particulier à la question de l'organisation judiciaire soulevée, il y a deux ans, par le Vice-Roi. Une commission spéciale, composée de jurisconsultes et d'agents français ayant habité l'Orient, a été chargée par le Gouvernement de l'Empereur d'examiner les propositions du Gouvernement Égyptien, et elle a consigné dans un mémoire, qui a été communiqué aux diverses Puissances intéressées, le résultat de ses travaux. A la suite de cette première enquête, le Gouvernement Égyptien a cru devoir demander que la question fût étudiée sur les lieux même par une commission internationale. Nous nous sommes prêtés à ces ouvertures, à la seule condition que le rapport de la commission française serait pris pour point de départ des études nouvelles. La commission internationale s'est effectivement réunie à Alexandrie, où elle siége depuis un mois. Revêtue d'un caractère purement consultatif, elle appréciera la légitimité des plaintes dont nous avons été saisis et la valeur des réformes suggérées. Les Puissances ont toutefois réservé l'entière liberté de leurs déterminations ultérieures. Le Gouvernement de l'Empereur est trop pénétré de la grave responsabilité qui s'attache au règlement de cette importante question, pour ne pas y apporter toute la prudence et tous les ménagements que réclament les intérêts complexes qui s'y trouvent engagés.

De concert avec le Cabinet de Londres, nous avons en outre fait savoir à Constantinople, qu'en consentant à l'enquête proposée par le Khédive, nous n'avions nullement l'intention de conclure un arrangement quelconque en dehors du Gouvernement Turc ou en opposition avec les droits du Sultan.

Le Gouvernement des Principautés-Unies de Moldavie et de Va-

lachie s'est également adressé aux Puissances pour obtenir qu'elles re
noncent, en faveur de la justice territoriale, aux privilèges de la juridiction consulaire. Il fait valoir que les populations de la Roumanie
sont chrétiennes et que les Capitulations n'ont leur raison d'être que
dans les pays musulmans. Il ajoute que la législation des Principautés
est douce et éclairée, et que les tribunaux y donnent aujourd'hui
toutes les garanties que peut exiger la sécurité des étrangers. Sans
s'engager dans une discussion théorique sur ces différents points, les
Puissances, partant du fait incontestable de l'introduction du régime
des Capitulations dans les Principautés, ont été d'avis qu'elles devaient
être appliquées, tant qu'elles n'auraient pas été modifiées par de nouveaux arrangements. Ici, d'ailleurs, se présentent des difficultés de
forme qui tiennent à la situation internationale de la Roumanie. Le
Gouvernement de l'Empereur a cru devoir avant tout se mettre d'accord à ce sujet avec les autres Cabinets. Jusqu'ici ceux de Londres et
de Vienne se sont bornés, comme nous, à écouter avec bienveillance
les ouvertures du Gouvernement Roumain, en reconnaissant que, sur
le fond, ils n'avaient pas dans les Principautés les mêmes objections à
se dessaisir des avantages consacrés par les Capitulations que dans les
provinces non chrétiennes de l'Empire Ottoman.

Préoccupé de maintenir partout où ils se trouveraient en question
les privilèges de nos nationaux à l'étranger, le Gouvernement de
l'Empereur entoure aussi leurs intérêts de sa sollicitude dans toutes
les circonstances où ils peuvent être compromis, tâche souvent in-
grate et difficile à cause de l'imprudence avec laquelle, durant ces
dernières années, les capitaux français se sont engagés à l'étranger dans
des entreprises promettant de gros bénéfices et offrant peu de garanties.

Le payement des arrérages de la dette tunisienne est resté suspendu, et la situation financière de la Régence ne s'est pas améliorée.
Toutefois, nous sommes parvenus à aplanir le dissentiment qui existait avec l'Angleterre et l'Italie et qui empêchait tout essai de réorganisation administrative. Les deux Puissances ont reconnu que les
créances de leurs nationaux n'étaient pas moins compromises que

celles des Français par la pénurie croissante du trésor de la Régence et elles ont adhéré à la proposition que nous leur avons faite d'unir nos efforts pour prévenir la ruine commune. Sur les instances des agents des trois Cours à Tunis, le Bey a rendu un décret, en date du 5 juillet, qui institue une commission financière. Cette commission est formée de deux comités. Le comité exécutif, composé de deux fonctionnaires tunisiens et d'un inspecteur général des finances français, est chargé de constater l'état actuel des créances étrangères, d'ouvrir un registre d'inscription de la dette, de percevoir tous les revenus de la Régence et d'opposer son veto à tout emprunt, à toute émission de bons qui auraient lieu sans son autorisation. Le comité de contrôle vérifiera les opérations du comité exécutif et approuvera définitivement les mesures d'intérêt général. Il sera composé de deux membres français, représentant les porteurs d'obligations des emprunts de 1863 et de 1865, de deux membres anglais et de deux membres italiens, représentant les porteurs de titres de la dette intérieure. Les intéressés ont été appelés à élire eux-mêmes leurs délégués. Les opérations, retardées par les dispositions qu'il a fallu prendre pour assurer la sincérité du choix des obligataires français répandus dans toutes les parties de la France, viennent d'être terminées, et la commission va, par conséquent, se trouver en mesure de commencer ses travaux. Le Gouvernement de l'Empereur ne saurait dès à présent en entrevoir le résultat, ni en garantir le succès; mais il croit avoir fait ce qui était possible dans les circonstances données pour empêcher le mal de s'accroître et ramener l'ordre dans l'administration des finances tunisiennes.

La situation de ceux de nos nationaux qui sont créanciers de la République d'Haïti nous commandait une égale sollicitude. Nous ne pouvions, en raison de l'état de désorganisation auquel la guerre civile a réduit les finances du pays, exiger les versements sur les deux dettes de l'indemnité et de l'emprunt. Nous avons dû nous borner à un arrangement provisoire, en exécution duquel plusieurs à-compte nous ont été remis. Aussitôt que nous aurons réuni une somme suffisante pour distribuer une demi-annuité, les parties intéressées recevront l'avis d'une répartition à laquelle il sera procédé sans retard. Les embarras extrêmes du Gouvernement Haïtien ne nous ont pas permis d'obtenir un résultat plus complet; toutefois, nous ne laissons passer aucune occasion de le rappeler à l'exécution des engagements qu'il a contractés envers nous, et nous nous efforçons ainsi de hâter, dans la mesure du possible, l'acquittement des termes échus.

Des difficultés analogues retardent au Vénézuéla le payement des indemnités qui sont dues à des sujets français et que les stipulations expresses de nos traités ont eu pour but de leur assurer. Déjà l'année dernière, le prélèvement qui était affecté à l'extinction de cette dette avait été suspendu à la suite des troubles survenus dans la République. La situation s'est malheureusement peu améliorée depuis lors. Nous avions eu l'espérance que la nouvelle administration installée à Caracas reprendrait l'exécution des arrangements intervenus avec le précédent gouvernement et qui devaient garantir le recouvrement de notre créance privilégiée; mais les promesses qui nous avaient été faites d'abord ne se sont pas réalisées. Cependant, après de vives instances, nous avons obtenu quelques à-compte qui nous permettent de répartir un dividende de 4 p. o/o, actuellement en cours de distribution.

Le changement qui s'est accompli cette année dans le Gouvernement des États-Unis par l'avénement du général Grant à la présidence ne devait apporter aucune modification aux bons rapports que nous entretenons avec ce pays. Sans être mis en cause dans les questions où le Cabinet de Washington s'est trouvé engagé avec les Gouvernements de l'Europe, nous ne pouvions que désirer la solution pacifique de ces difficultés, et nous ne lui avons point laissé ignorer nos vœux. Sa sagesse a donné raison à nos espérances, et les incidents dont l'opinion s'était émue n'ont amené aucune des complications que l'on avait pu craindre.

De même que les années précédentes, nous avons secondé autant qu'il était en notre pouvoir les tentatives faites par les États-Unis pour amener le rétablissement de la paix entre l'Espagne et les Républiques du Pacifique. Au commencement de l'année présente, ces efforts avaient semblé près d'aboutir à un résultat heureux, grâce à l'acceptation par toutes les parties des bons offices du Cabinet de Washington

Les sympathies témoignées à l'insurrection de Cuba par les États de l'Amérique du Sud et la reconnaissance par le Pérou de l'indépendance de la colonie espagnole ont malheureusement suscité de nouvelles difficultés. Nous conservons toutefois l'espoir que le rapprochement qui s'était opéré facilitera la reprise des négociations, et nous nous plaisons à voir dans ce précédent un motif de compter sur la cessation, plus probable désormais, d'un état de choses dont le commerce neutre ressent vivement les fâcheuses conséquences.

Tout en déplorant la prolongation de la guerre du Paraguay, le Gouvernement de l'Empereur n'a pas eu sujet de se départir de la réserve qu'il s'était imposée. Pendant que se poursuivait cette lutte opiniâtre, il s'est uniquement attaché à garantir les personnes et les biens de ses nationaux, tâche malheureusement de plus en plus difficile, à mesure que s'éloignait le théâtre des hostilités, aujourd'hui transporté dans des contrées où les moyens de protection font complétement défaut. Il y a là une raison de plus pour nous de désirer la fin d'une guerre qui a déjà causé tant de ruines, mais qui semble devoir bientôt toucher à son terme.

Développer pacifiquement nos relations avec les peuples étrangers, en veillant toujours à la défense des intérêts légitimes créés par l'initiative de nos nationaux, tel est le but auquel tend notre action partout où elle peut se faire sentir. Notre politique à l'égard des pays de l'extrême Orient n'a pas d'autre mobile. L'ambassade qui, au nom de l'Empereur de la Chine s'est rendue en Europe, a été amicalement accueillie en France. Elle n'était chargée de proposer aucune négociation, et les communications qu'elle a entretenues avec le Gouvernement de l'Empereur se sont bornées à un échange mutuel d'assurances de bon vouloir. Aucune complication sérieuse n'est venue d'ailleurs troubler nos rapports avec le Céleste Empire. Si nous avons eu à dénoncer à Pékin quelques crimes isolés commis contre nos missionnaires, nous avons généralement obtenu les satisfactions que nous demandions, et nous avons lieu d'espérer que justice sera également faite à celles de nos réclamations qui sont encore pendantes. Tout en maintenant avec fermeté les droits que nos traités nous confèrent, nos agents ont pour instructions de garder dans leur langage et dans leur attitude les ménagements que commande une situation exceptionnelle. C'est en nous en remettant au temps et au sens pratique des autorités comme des populations de la Chine que nous pouvons espérer de voir disparaître successivement les obstacles qui retardent l'expansion de nos idées et de notre commerce dans cette vaste contrée, plus éloignée encore de nous par sa civilisation que par la distance matérielle.

Le Gouvernement qui s'est constitué au Japon à la suite de la dernière révolution a triomphé aujourd'hui de la résistance que lui opposaient les partisans du régime déchu. Nous n'avons qu'à nous féliciter, quant à présent, de la consolidation du pouvoir nouveau. Comme on devait s'y attendre, les troubles dont le pays a été le théâtre ont permis à l'hostilité envers les étrangers, qui règne dans certaines classes de la société japonaise, de se faire jour plus facilement, et ce sentiment s'est encore traduit en attentats dont les sujets de différentes Puissances ont été victimes. Le Gouvernement du Mikado puisera dans ses récents succès la force nécessaire pour réprimer d'une manière plus efficace des animosités qu'il est le premier à condamner. L'ouverture de la ville de Yedo et du port de Nagata, en favorisant l'accroissement des transactions, a appelé nos négociants à profiter dans une plus large mesure du mouvement d'affaires qui semble devoir suivre le rétablissement de la tranquillité. A la suite de l'expédition de Simonosaki, le Japon s'était engagé à payer à la France, à l'Angleterre, aux États-Unis et aux Pays-Bas, une indemnité dont la moitié seulement a été versée. Un premier délai a été accordé pour le payement du surplus qui devait avoir lieu au mois de mai dernier; mais les autorités japonaises, rappelant les charges que la dernière crise a fait peser sur le pays, nous ont demandé un nouveau sursis de trois ans. Elles nous offraient, en échange de cette concession, d'ajourner le prélèvement d'une augmentation de droits sur le thé et la soie, stipulée en faveur du Japon par des conventions antérieures. D'accord avec les autres Puissances intéressées, nous avons pensé qu'il y avait lieu d'accueillir la proposition qui nous était faite. Le sacrifice que nous nous imposions, en témoignant de notre modération, avait surtout l'avantage à nos yeux de tourner au profit du commerce de tous les peuples.

Les anciennes lois établies au Japon contre les indigènes convertis à la foi chrétienne avaient été, dans de récentes circonstances, appliquées à un certain nombre de familles que la fréquentation de leurs coreligionnaires européens avait enhardies à pratiquer publiquement la religion de leurs ancêtres. Les démarches qu'un sentiment d'humanité a dictées à notre Ministre, et auxquelles se sont associés les représentants de plusieurs autres Puissances, ont procuré quelque soulagement à ces infortunés. Le Gouvernement Japonais a en outre donné aux agents étrangers l'assurance que l'ancienne législation ne serait pas maintenue dans toute sa rigueur et que l'on aurait recours désormais à des mesures plus douces et plus humaines. Nous avons été heureux en cette occasion de voir les ministres du Mikado se rendre à l'influence toute morale des idées civilisatrices que les Gouvernements Européens portent avec eux dans ces régions lointaines.

Attentif à faire naître sur tous les points du monde de nouvelles causes de rapprochement entre les peuples, le Gouvernement de l'Empereur s'étudie à généraliser en les améliorant les actes internationaux qui peuvent contribuer à assurer ce résultat. De nombreux traités ont été conclus depuis une année par la France en vue de multiplier nos rapports avec les Puissances étrangères, tant au point de vue de l'échange des correspondances qu'à celui de l'extradition des malfaiteurs et de la réciprocité des législations.

En ce qui concerne nos relations postales, le Gouvernement de l'Empereur ne cesse de se préoccuper des moyens de favoriser les intérêts du public par l'abaissement des taxes, tout en maintenant le principe de la juste rémunération des services. Une Convention de poste a été conclue avec l'Italie; il n'a pas dépendu de nous qu'elle n'eût pour conséquence un abaissement des tarifs. Nos échanges de correspondances avec l'Angleterre donnaient lieu depuis longtemps à de nombreuses réclamations, fondées particulièrement sur l'insuffisance de la progression du poids des lettres fixé jusqu'ici à 7 grammes et demi. Nous avons pu récemment conclure avec la Grande-Bretagne une Convention qui sera soumise au Corps législatif et dont l'objet est de donner satisfaction à ces plaintes. Elle stipule que la progression sera portée à 10 grammes et que la lettre de ce poids, affranchie, coûtera désormais 30 centimes seulement au lieu de 40. Nous avons également pu réaliser avec les Cabinets de la Haye et de Madrid d'utiles améliorations de détail. Le droit de timbre qui frappait nos journaux dans les Pays-Bas n'est plus perçu aujourd'hui, et l'Espagne a renoncé au droit supplémentaire de distribution qui grevait jusque dans ces derniers temps les correspondances acheminées sur son territoire.

Il y a trente ans à peine que l'organisation du droit criminel international a été ébauchée par la conclusion des premiers traités d'extradition. Comme au début de toutes les institutions nouvelles, un certain laps de temps s'est écoulé avant que les principes qui doivent servir de base aux conventions de ce genre fussent universellement admis. Aussi les traités d'extradition conclus entre les différents États pendant cette période d'hésitation présentent-ils d'assez grandes dissemblances. Aujourd'hui, l'uniformité tend à s'établir sur ce terrain comme sur tant d'autres, et les efforts du Gouvernement de l'Empereur ont largement contribué à ce travail d'assimilation. Jusqu'à ces derniers temps, la France avait adopté pour règle de n'accorder aux autres nations et de ne réclamer d'elles que l'extradition d'individus coupables de crimes. Cette limite était évidemment trop étroite en présence de la facilité et de la rapidité des communications, qui permettent aux malfaiteurs de toute espèce de passer à l'étranger et d'y trouver l'impunité. Nous avons entrepris une révision de nos traités dans la pensée d'établir une nomenclature des cas d'extradition beaucoup plus étendue et de donner ainsi aux exigences de la sécurité publique une plus complète satisfaction. Le Traité avec la Belgique, récemment publié, a ouvert la voie et peut être considéré, à beaucoup d'égards, comme le type des améliorations que nous avons en vue. Un Traité a été conclu avec la Suisse sur les mêmes bases et remplacera avantageusement les stipulations incomplètes de la Convention de 1828. Il avait été précédé d'un

acte analogue entre la Suède et la France, et nous sommes à la veille
d'en signer un autre avec la Bavière. Des négociations sont également
engagées avec l'Italie. A l'égard d'autres pays, nous n'avons eu besoin
que d'ajouter aux traités existants des articles additionnels destinés
à régler quelques points spéciaux. C'est sous cette forme notamment
que nous nous sommes entendus avec l'Autriche et les Grands-
Duchés de Bade et de Hesse-Darmstadt.

Pendant qu'il consacrait ainsi l'application de la procédure criminelle dans le droit des gens, le Gouvernement de l'Empereur concluait
avec la Confédération Helvétique un Traité d'un autre ordre, qui peut
être considéré comme l'essai le plus satisfaisant tenté jusqu'ici pour
organiser la procédure civile internationale. Il s'agissait d'assurer dans
chacun des deux États l'exécution des jugements rendus par les tribunaux de l'autre, et il fallait dans cette vue établir avec la plus grande
netteté les règles de la compétence. Nous croyons avoir atteint ce résultat. Nous nous sommes préoccupés, en outre, de garantir à nos nationaux, par notre nouvelle Convention, le bénéfice de l'assistance
judiciaire devant les tribunaux suisses, comme nous l'accordons aux
Suisses devant les tribunaux français.

Nous nous efforçons d'obtenir, à charge de réciprocité, le même
avantage dans plusieurs autres pays voisins, et des négociations sont
ouvertes à cet effet avec la Belgique, le Luxembourg, le Grand-Duché
de Bade, la Bavière, le Wurtemberg et l'Italie.

Le Gouvernement ne laissera échapper aucune occasion de favoriser
la disposition qu'il rencontre chez un certain nombre d'États à consacrer ainsi par des actes internationaux le rapprochement des législations. Rien n'est plus propre à développer et à féconder les rapports
mutuels qu'une conformité aussi grande que possible dans les principes généraux du droit entre les différentes nations. En contribuant
à dégager dès à présent les points qui leur sont communs pour en
faire l'objet d'arrangements diplomatiques, le Gouvernement de
l'Empereur sert à la fois les intérêts du pays et ceux de la civilisation.

AFFAIRES COMMERCIALES.

Des plaintes se sont élevées de plusieurs centres industriels du Nord et de l'Ouest de l'Empire contre le traité de commerce conclu, le 23 janvier 1860, entre la France et l'Angleterre, aux effets duquel seraient attribuées les souffrances actuelles de nos fabriques. Le Gouvernement de l'Empereur s'efforcera de concilier les ménagements réclamés par des intérêts dignes de toute sa sollicitude avec la sécurité de nos transactions internationales, qui n'ont cessé de se développer à la faveur du régime conventionnel inauguré en 1860.

Il est permis d'espérer qu'un malaise qui se fait sentir également dans d'autres contrées et suscite en Angleterre même, contre le traité de 1860, des manifestations analogues à celles qui se produisent en France, n'entravera pas le mouvement d'expansion et de fusion des intérêts généraux des peuples, provoqué par l'initiative du Gouvernement impérial.

L'Exposition universelle de 1867 a été la démonstration éclatante de cette tendance, qui se traduit aujourd'hui sous une forme plus modeste, mais également efficace. S'il n'est possible de contempler qu'à de longs intervalles ces grandes solennités, leur influence se perpétue toutefois, et les expositions internationales ouvertes à tous les pays, mais restreintes à telle ou telle branche des produits humains, entretiennent une émulation féconde et ces relations individuelles qui rapprochent de plus en plus les sociétés. Ainsi, dans le cours de cette année, des expositions ont été organisées à Munich pour les beaux-arts, à Altona pour les produits de l'industrie, à Saint-Pétersbourg pour ceux de l'horticulture, à Amsterdam, enfin, pour tout ce qui se rattache à l'économie domestique et aux progrès sociaux. Les succès obtenus par nos nationaux ont attesté une fois de plus la variété des aptitudes du génie français.

Le concours d'Amsterdam constitue, notamment, un fait digne de remarque. Inspiré par la même pensée qui a présidé, en 1867, à l'organisation du Xᵉ groupe de l'Exposition de Paris, il a offert une nouvelle preuve de la sollicitude de plus en plus active qui se porte vers les intérêts moraux et matériels. La France a gardé, dans cette solennité, le rang où elle s'était placée en 1867 : elle a obtenu 281 récompenses. L'Empereur et l'Impératrice avaient voulu figurer au nombre des exposants, et le Jury international a décerné à Leurs Majestés deux grands diplômes d'honneur pour les institutions de tous genres qu'Elles ont fondées ou patronnées en vue de développer l'instruction et le bien-être des classes ouvrières.

Les succès répétés de ces luttes pacifiques en Europe ont porté des fruits de l'autre côté de l'Océan : deux républiques de l'Amérique méridionale ont, pendant le cours de cette année, ouvert des expositions qui ne doivent point rester inaperçues. Au concours international d'agriculture, organisé à Santiago du Chili le 5 mai dernier, a succédé, dans la capitale du Pérou, une exposition industrielle; les heureux résultats de cette première expérience ont sans doute contribué au développement de nos transactions avec les contrées baignées par l'Océan Pacifique.

La loi du 19 mai 1866 sur la marine marchande a été la conséquence logique des réformes libérales introduites, depuis 1860, dans notre régime économique; elle a, en effet, eu pour objet de mettre la législation maritime de l'Empire en harmonie avec les nouvelles bases de ses relations commerciales. Le Gouvernement a, toutefois, entendu n'accorder aux autres Puissances le bénéfice de l'une comme de l'autre de ces réformes, que moyennant des avantages réciproques. Seulement, à la différence des traités de commerce qui consacrent un échange de concessions, la loi votée par le Corps législatif en 1866 a fait spontanément disparaître, par des mesures générales, toutes les restrictions qui atteignaient dans nos ports la navigation étrangère, laissant au Gouvernement le soin d'obtenir, pour notre navigation dans les autres pays, un régime également libéral.

L'événement a justifié notre confiance, puisque nous n'avons pas eu, jusqu'à présent, à faire application de la faculté de représailles inscrite à l'article 6 de la loi. Nous ne devons pas nous dissimuler toutefois, que nous n'avons pas atteint partout le but que nous pour-

suivons, et que, si le traitement national est le régime commun de
la marine étrangère dans nos ports, notre pavillon ne jouit pas sur
tous les points du littoral européen, de la réciprocité à laquelle il a
droit.

Les inégalités que le dernier Exposés ignalait déjà, quant au régime
applicable à la navigation française dans les ports de l'Espagne et de
ses possessions d'outre-mer, subsistent encore. Des améliorations
nouvelles sont, pourtant, venues s'ajouter, dans le cours de cette
année, à celles que nous avions obtenues l'an dernier. Les décrets
du 22 novembre 1868, qui ont utilement modifié dans l'assiette
des droits prélevés sur la navigation dans la Péninsule, ont été, en
effet, suivis d'une réforme inspirée également par une sage entente
des besoins du commerce international et qui porte sur l'ensemble de
la législation douanière de l'Espagne. Le tarif des douanes, promulgué
le 12 juillet dernier, simplifie les bases de la perception, lève les
prohibitions et réduit les taxes afférentes au plus grand nombre des
marchandises. Le régime nouveau maintient, il est vrai, quelques-
unes des taxes les plus onéreuses pour notre commerce, il en aggrave
même plusieurs, et l'attribution d'une valeur exagérée aux produits que
nous importons fait ressortir les droits du tarif à un taux supérieur à
celui des prévisions de la loi de douanes. Ce sont là de graves inconvénients qui empêcheront la réforme tentée par le Gouvernement
Espagnol de porter tous ses fruits. Nous avons la confiance qu'il reconnaîtra l'inefficacité de mesures qui n'abaissent pas suffisamment les
taxes pour arrêter les opérations du commerce interlope, et dont,
par conséquent, ni le Trésor ni les consommateurs ne ressentiront
sérieusement les effets. Si nous n'acceptons pas comme un résultat
définitif les changements apportés par la loi du 12 juillet dernier
au régime douanier de l'Espagne, il serait, néanmoins, injuste de contester les intentions libérales dont elle est le témoignage; nous
avons donc pensé qu'il y avait lieu de tenir compte au Cabinet de
Madrid de la ferme volonté de réforme dont il a fait preuve au
milieu des difficultés de sa situation intérieure. Nous avons, en conséquence, suspendu l'application au pavillon espagnol des mesures

de rétorsion prévues par l'article 6 de la loi de 1866, dans l'espoir que l'égalité se rétablira entre le régime de la navigation étrangère dans les deux pays, par l'abolition des surtaxes et des restrictions qui sont l'objet de nos persistantes réclamations.

Nos relations avec le Portugal présentent une situation peu différente : des surtaxes atteignent, en effet, notre navigation indirecte dans les ports de la métropole et de ses colonies; mais, en regard des prescriptions de la loi de 1866 et des stipulations de notre traité de navigation du 11 juillet de la même année, nous devons placer les témoignages incontestables des bonnes dispositions du Cabinet de Lisbonne. Il nous a paru tout au moins nécessaire d'attendre, pour rétablir les droits différentiels dont le pavillon portugais est affranchi depuis cette année, le résultat des travaux de la commission portugaise chargée de préparer la réforme de la législation douanière du Royaume. Dès à présent, nous sommes autorisés à considérer comme arrêtée en principe la suppression, dans toutes les colonies portugaises, des surtaxes qui atteignent actuellement nos navires; une décision récente les a déjà fait disparaître dans les possessions de Goa, de Mozambique et d'Ambriz.

Aux États-Unis d'Amérique, nous avons rencontré une législation conforme à la nôtre, laissant au Président la faculté d'affranchir de la surtaxe afférente aux pavillons étrangers les navires des Puissances qui accorderaient la réciprocité à la marine de l'Union. En vertu de la loi fédérale du 30 juin 1864, et aux termes de la proclamation présidentielle du 12 juin dernier, notre marine jouit donc du régime de l'assimilation au pavillon national pour toutes ses importations des pays de production; toutefois, une erreur provenant de l'interprétation littérale donnée par le Gouvernement des États-Unis aux mots «pays de production» qui figurent à l'article 5 de la loi de 1866, avait retardé jusqu'ici l'application du traitement national aux marchandises importées aux États-Unis, par nos navires, d'ailleurs que des lieux de production. Nous avons la satisfaction d'annoncer que les explications catégoriques données au Cabinet de Washington sur la cause de ce malentendu ont fait disparaître la différence que nous avons dû relever dans le régime réservé à la navigation des deux pays. La suppression de la surtaxe maintenue pour les importations indirectes des navires français aux États-Unis a complété, à leur profit, le régime de l'assimilation au pavillon national.

D'un autre côté, les États-Unis, donnant suite aux propositions que nous leur avions adressées au commencement de cette année, ont conclu avec nous, le 16 avril dernier, un arrangement pour la garantie réciproque des marques de fabrique, qui reçoit aujourd'hui sa pleine exécution. D'autres accords relatifs au règlement des relations télégraphiques entre les deux pays sont également l'objet de négociations, et les explications échangées témoignent du désir des Gouvernements de France et d'Amérique de favoriser, par tous les moyens qui sont en leur pouvoir, le développement de leurs rapports internationaux.

Toutefois, nous avons le regret de le constater de nouveau, le régime de nos importations n'a pas encore été modifié aux États-Unis. La question semble, il est vrai, avoir fait de notables progrès dans l'opinion publique. Ses organes, dans toutes les parties de l'Union, se prononcent de plus en plus contre un tarif qui arrête l'essor des transactions, favorise les opérations du commerce interlope, met aux prises les différentes branches de l'industrie inégalement protégées, et en définitive, n'empêche pas l'Amérique de solder en espèces ou en valeurs équivalentes la balance de ses échanges avec l'ancien monde.

Augmenter les droits perçus à l'importation dans l'espérance d'accroître leur produit, telle est, malheureusement, la doctrine qui prévaut dans les conseils de la plupart des Gouvernements américains. La nouvelle législation douanière, qui est entrée en vigueur au Brésil le 1er juillet dernier, aggrave d'une manière regrettable les charges du commerce étranger, et un vote récent de la Chambre des Représentants de l'Uruguay, mais qui n'a pas, il est vrai, obtenu la sanction du Sénat Oriental, accuse les mêmes tendances. Il faut espérer que les dispositions de ces Gouvernements se modifieront avec les circonstances qui ont créé les difficultés financières auxquelles ils ont cherché à parer par l'élévation des taxes doua-

nières. Nous avons présenté au Cabinet de Rio-de-Janeiro de pressantes
observations sur le préjudice que le nouveau tarif apporte au commerce des deux pays, et, à Montevideo, nous avons rattaché la question du régime de nos échanges à la négociation que nous poursuivons
avec le Gouvernement Oriental pour la révision de la Convention de
1836, qui, n'assurant à notre navigation que le traitemen de la nation
la plus favorisée, laisse subsister des droits différentiels contraires à
l'esprit de notre nouvelle législation.

Notre commerce a dû également se préoccuper d'une disposition
récente du Gouvernement de l'Équateur, qui avait aggravé le régime
des vins et des spiritueux importés dans cette République. Nos démarches pour amener le retrait de cette mesure ont déjà obtenu une
satisfaction partielle, et les bases de l'ancienne tarification ont été ré-
tablies pour les vins.

Le travail de transformation intérieure qui s'opère graduellement
en Orient, au contact de la civilisation européenne, a fait, cette année
encore, de sensibles progrès. La facilité avec laquelle s'exécutent les
mesures récemment adoptées en faveur des étrangers, les projets de
voies ferrées destinées à relier au réseau austro-hongrois les deux ports
principaux de la Turquie d'Europe, les travaux importants de viabi-
lité entrepris sur divers points de la Turquie d'Asie, témoignent que
les réformes accomplies par le Gouvernement du Sultan ont développé des tendances nouvelles qui se font jour au grand avantage
des populations ottomanes et de nos relations internationales.

Le Département des Affaires étrangères suit ces progrès avec un
constant intérêt et les seconde de tout son pouvoir. Nous recherchons
actuellement les moyens d'améliorer, d'accord avec la Sublime Porte,
le régime conventionnel sous lequel sont placés, depuis 1861, les
rapports commerciaux entre la France et l'Empire Ottoman. En outre,
nous agissons de concert avec les autres Puissances intéressées pour
faire exonérer, dans les Principautés-Unies, les articles d'importation
étrangère des charges fiscales qui, sous la forme de droits d'octroi,
constituent une aggravation considérable du traitement stipulé par
les conventions.

Sans cesse occupé d'assurer à l'élément français, dans les pays du Levant, une large part d'activité et de pacifique influence, le Gouvernement de l'Empereur suit avec un vif intérêt les conséquences de l'œuvre considérable qui vient de s'accomplir en Égypte : l'ouverture du canal de Suez éveille chez toutes les Puissances maritimes de légitimes espérances, et, en présence de ce sentiment unanime, nous nous félicitons de l'appui sympathique qu'a trouvé en France l'exécution de cette grande entreprise.

La sollicitude du Gouvernement Impérial pour les intérêts français dans l'extrême Orient a également continué de s'exercer avec efficacité. L'article 15 du traité de Tientsin, relatif à l'organisation du service des pilotes sur le littoral de a Chine, a été revisé de concert avec la Cour de Pékin et les représentants des grandes Puissances. En établissant un ensemble de règles destinées à assurer, par de sérieuses épreuves, le bon recrutement du corps des pilotes, nous avons eu soin de maintenir nos consuls en possession du droit de surveillance et de haute direction que les traités leur ont conférés. Nous avons, d'un autre côté, stipulé, en faveur de ceux de nos capitaines de navires qu'une navigation prolongée sur les côtes de la Chine a familiarisés avec ces parages, la faculté de piloter eux-mêmes leurs bâtiments et d'éviter ainsi le notable surcroît de dépenses qu'occasionnerait l'emploi d'un pilote patenté pour des opérations de cabotage souvent répétées.

La concession française de Shang-Haï ne cesse de prospérer : les services municipaux fonctionnent régulièrement, l'exécution des déci sions du conseil ne rencontre aucune résistance, les taxes qu'il vote et dont l'établissement est sanctionné par les électeurs en assemblée publique sont acquittées sans difficulté, et le budget de la concession, qui représente plus de 600,000 francs de recettes, se solde aujourd'hui en excédant.

La guerre civile qui depuis plus de deux années désole le Japon a ralenti le développement, si rapide à l'origine, de notre commerce dans ce pays. Les troubles politiques n'ont pas empêché cependant que l'admission des étrangers dans les villes de Neegata et de Yedo n'eût lieu à la date convenue, et, malgré les incertitudes de la situation, nos nationaux ont déjà établi des comptoirs dans les ports d'Osaka et d'Hiogo, ouverts depuis le commencement de cette année. Le commerce des soies, sur lequel portent principalement leurs transactions, vient, du reste, d'obtenir de nouvelles facilités : en retour de certaines concessions pécuniaires, consenties par le Gouvernement de l'Empereur, la Cour de Yedo a renoncé à se prévaloir de l'article de la Convention commerciale du 25 juin 1866 qui l'autorisait à demander la révision du droit de sortie sur les soies ; en conséquence, cette taxe, qui a été calculée il y a trois ans au taux de 5 p. o/o, d'après une valeur moyenne inférieure de plus du quart aux prix actuels, ne sera pas augmentée, et notre industrie trouvera dans le maintien des précieuses ressources que lui offre, pour ses approvisionnements, le marché japonais, une nouvelle preuve de la sollicitude avec laquelle ses intérêts sont défendus.

Le Département des Affaires étrangères a continué, cette année, de suivre de la manière la plus active la question de l'unification monétaire. Grâce aux nombreuses communications qu'il a reçues des agents diplomatiques et consulaires, il a pu constater que, dans la plupart des pays étrangers, cette question fait de notables progrès. Partout elle est à l'ordre du jour, et l'intérêt d'une solution pratique s'impose de plus en plus à l'attention des Gouvernements. En France, une enquête a été faite auprès des chambres de commerce de l'Empire, des trésoriers généraux et de la Banque; une commission spéciale en a examiné les résultats et a formulé elle-même des conclusions; enfin, le Conseil supérieur de l'industrie et du commerce vient d'être chargé de coordonner l'ensemble des travaux dont cette matière est l'objet depuis plusieurs années. Le rapport de M. le Ministre des Finances, qui a été approuvé par l'Empereur, indique tout à la fois le vif désir qui anime le Gouvernement de Sa Majesté de faciliter une œuvre d'unification si profitable aux intérêts généraux du commerce, et la prudence avec laquelle il s'entoure de tous les éléments d'appréciation qui lui paraissent devoir éclairer ses décisions. L'examen de la question par le Conseil supérieur permettra de poursuivre, dans les conditions les plus favorables, les négociations diplomatiques que nous sommes sur le point d'engager avec l'Autriche, de concert avec la Belgique, l'Italie et la Suisse. Le Département des Affaires étrangères s'attachera, avec la même persévérance que par le passé, à préparer les voies à une entente générale, à rester en communication sur ce sujet avec les divers Gouvernements, et à observer le mouvement des idées comme la portée des faits qui viendraient à se produire à l'étranger en vue d'un rapprochement international.

Le dernier Exposé mentionnait l'échange des déclarations relatives à l'accession de la Grèce à la Convention monétaire du 23 décembre 1865, qui a consacré en France, en Belgique, en Italie et en Suisse, un système identique de monnaies d'or et d'argent. Nous avions lieu de penser que cette année ne s'écoulerait pas sans que l'accession des États-Pontificaux pût être également réalisée. Certaines difficultés, qui s'étaient d'abord élevées relativement au maintien, parmi les monnaies romaines, de pièces de 2 fr. 50 cent. et de 25 centimes, avaient été aplanies, et, le régime monétaire des États de l'Église étant absolument conforme à celui de la Convention de 1865, rien ne paraissait plus s'opposer à l'accession projetée. C'est alors qu'une communication du Gouvernement du Saint-Siége vint révéler un fait que la correspondance précédemment échangée n'avait pu laisser pressentir : la mise en circulation de plus de 26 millions de monnaies divisionnaires d'argent pontificales. Or, l'une des clauses fondamentales de la Convention de 1865 fixe à 6 francs par habitant le chiffre maximum de monnaies d'appoint que peuvent émettre les États concordataires. Le Gouvernement Romain avait donc dépassé cette limite dans une proportion excessive, et il déclarait être, pour le moment, dans l'impossibilité d'y rentrer. Il s'appuyait, il est vrai, sur des considérations dont on ne saurait méconnaître la valeur, et qui tenaient en grande partie au cours forcé du papier-monnaie en Italie, et surtout à la perte d'anciennes provinces d'où les États-Pontificaux continuent à tirer presque tous leurs approvisionnements. Mais, si cette situation exceptionnelle expliquait dans une certaine mesure une fabrication aussi disproportionnée de pièces divisionnaires, il n'était pas possible aux États concordataires de consentir à ce qu'il fût ainsi dérogé à l'une des dispositions les plus essentielles du Pacte d'union. Il a donc fallu suspendre les négociations relatives au projet d'accession, jusqu'à ce que les circonstances permissent au Gouvernement du Saint-Siége de satisfaire, comme il en a constamment manifesté le désir, à toutes les stipulations de la Convention de 1865.

Ainsi que l'annonçait le dernier Exposé, la Convention sur les pêcheries conclue entre la France et l'Angleterre en vue de consacrer, notamment, la liberté absolue de l'exercice de la pêche dans la mer commune, nécessite, avant d'être promulguée, la présentation au Corps législatif d'un projet de loi destiné à remplacer la loi de 1846 pour la mettre en harmonie avec certaines dispositions du nouvel arrangement intervenu entre les deux pays. Les études relatives à la préparation de ce projet de loi ont soulevé certaines difficultés assez sérieuses pour qu'il n'ait pas été possible de le soumettre aux Chambres avant d'avoir provoqué, de la part du Gouvernement anglais, des explications reconnues indispensables; mais il y a tout lieu de penser que ces difficultés seront aplanies dans le cours de la prochaine session, et que, dès lors, la Convention du 11 novembre 1867 pourra recevoir prochainement une application également désirée par les deux Gouvernements, dans l'intérêt mutuel de leurs nationaux.

La Commission centrale de la navigation du Rhin, siégeant à Mannheim et composée des délégués de tous les États riverains, a été saisie par le Gouvernement Badois d'une proposition ayant pour objet de réglementer d'une manière uniforme la pêche du saumon et de ses congénères dans le Rhin, afin d'assurer efficacement la conservation de cette précieuse espèce de poisson. Le Gouvernement Français s'est empressé d'accueillir cette démarche. Les conférences s'étaient ouvertes le 16 août dernier; mais des objections soulevées par les Pays-Bas, quant à la durée du temps pendant lequel la pêche du saumon demeurerait prohibée, avaient amené la suspension des travaux de la Commission. Le Gouvernement Néerlandais a tenu à s'éclairer de l'avis des députations permanentes des États provinciaux; cette enquête terminée, les négociations ont été reprises le 22 de ce mois; elles ont abouti à une convention qui a été signée, le 27, à Mannheim, et qui doit être soumise à l'approbation de tous les États riverains. Cet arrangement général aura, d'ailleurs, pour effet, en réglant l'exercice de la pêche sur la partie du fleuve commune à la France et au Grand-Duché de Bade, de mettre un terme aux conflits qui s'élèvent trop fréquemment entre les pêcheurs de l'une et de l'autre rive, par suite des différences qui existent entre les législations respectives.

A l'occasion de la fixation du tracé des chemins de fer de la Savoie entre Annecy et Annemasse, avec embranchement sur Genève, le Gouvernement de l'Empereur s'est entendu avec le Conseil fédéral Suisse pour régler diverses questions commerciales qui intéressaient particulièrement les relations entre les départements savoisiens et le canton de Genève. Une commission mixte, réunie à Paris au mois de juillet dernier, a arrêté les bases d'un arrangement consacrant les dispositions suivantes : 1° le crédit annuel d'importation, en franchise de tout droit d'entrée, ouvert en Suisse aux vins du Chablais, du Faucigny et du Génevois, a été porté de 5,000 à 10,000 hectolitres; 2° ces mêmes parties du territoire français ont été admises à profiter de certaines facilités accordées au pays de Gex pour l'importation en Suisse de l'écorce à tan, des gros cuirs et des peaux tannées, ainsi que pour l'exportation des peaux fraîches de ce pays; 3° les marchandises demeureront réciproquement exemptes de tout droit de transit; 4° le bureau de douane d'Annecy doit être ouvert, à partir du 1er janvier 1871, à l'importation de toutes les marchandises, y compris les tissus taxés à la valeur. A l'exception de cette dernière disposition, l'arrangement, qui a été revêtu, le 24 de ce mois, de la signature des plénipotentiaires respectifs, ne doit entrer en vigueur qu'au moment où le chemin de fer d'Annecy à Annemasse et l'embranchement sur Genève seront mis en exploitation.

L'article 2 de la Convention conclue entre la France et la Prusse, le 18 juin 1867, pour l'établissement d'un chemin de fer entre Sarreguemines et Sarrebrück, portait que les points de jonction des deux sections française et prussienne, et les conditions de leur raccordement au pont à construire sur la Sarre, seraient déterminés d'un commun accord entre les deux Gouvernements. C'est en exécution de cette disposition que des ingénieurs, spécialement désignés à cet effet, s'étaient réunis en commission internationale à Sarrebrück, dans le courant de l'année dernière, et avaient indiqué les bases de l'arrangement dont il était fait mention dans le dernier Exposé. Ce projet a été transformé en une convention définitive, le 1er juillet de cette année.

Les commissions mixtes qui avaient également été formées pour étudier les questions concernant le raccordement, à la frontière franco-belge, des chemins de fer de Furnes à Dunkerque et de Poperinghe à Hazebrouck ont terminé leurs travaux. Les deux Gouvernements se sont entendus sur les conditions d'établissement de ces voies ferrées, et il a été procédé, le 25 de ce mois, à la signature de la Convention destinée à assurer à leurs sujets respectifs ces nouvelles facilités de communication.

La question de l'application d'une méthode uniforme de jaugeage aux navires de toutes les nations continue d'être l'objet des démarches de notre diplomatie. Le système Moorson paraissant généralement réunir des conditions d'exactitude qui le recommandent à l'attention de tous les États maritimes comme pouvant servir de base à une entente internationale, le Gouvernement de l'Empereur s'est mis en rapport avec le Gouvernement de Sa Majesté Britannique pour arrêter, de concert, les moyens les plus propres à en faciliter l'adoption. Il y a lieu d'espérer que leurs efforts communs réussiront à amener une solution qui intéresse le commerce maritime du monde entier et à laquelle l'ouverture du canal de Suez donne un caractère particulier d'opportunité.

Une déclaration, signée à la Haye, le 4 novembre de l'année dernière, a fixé à 48 fr. 85 cent. le droit d'importation en France des sucres raffinés provenant de la Belgique, de la Grande-Bretagne et des Pays-Bas. Cet arrangement, conclu à titre provisoire, devait prendre fin le 31 décembre 1869; il avait eu pour objet d'aplanir en partie les difficultés d'interprétation soulevées par l'application de l'article 13 de la Convention de 1864 sur le régime des sucres, en attendant que le Gouvernement de l'Empereur pût mettre les droits à percevoir

sur les sucres bruts en corrélation exacte avec les rendements établis
par la déclaration du 20 novembre 1866. Le délai accordé ayant été
reconnu insuffisant, les commissaires des quatre États intéressés ont
tenu à la Haye de nouvelles conférences, à la suite desquelles il a été
convenu que la déclaration du 4 novembre 1868 devrait être pro-
rogée jusqu'au 30 juin 1871; ces résultats seront prochainement consacrés par un acte diplomatique.

# LE CONCILE.

# LE CONCILE.

M. le Prince DE LA TOUR D'AUVERGNE, Ministre des Affaires
étrangères,
   aux Agents diplomatiques de l'Empereur.

*(CIRCULAIRE.)*

Paris, le 8 septembre 1869.

Monsieur, plusieurs Cabinets se sont adressés au Gouvernement de
l'Empereur dans l'intention de connaître la ligne de conduite qu'il
se propose de suivre à l'égard du Concile œcuménique convoqué à
Rome pour le 8 décembre prochain.

Aucune question assurément ne mérite à un plus haut degré de
fixer l'attention que celle de savoir quelle part les Gouvernements
doivent prendre à l'important événement dont nous allons être témoins,
et il n'en est aucune, en même temps, pour laquelle il soit plus difficile de demander des enseignements au passé, car tous ceux que l'on
pourrait emprunter à l'histoire des conciles appartiennent à des époques
déjà bien loin de nous et très-dissemblables de celle où nous vivons.
Les rapports de l'Église et de l'État ont subi des changements profonds,
et c'est évidemment d'après la nature des liens qui existent aujourd'hui
entre les deux pouvoirs que doit être déterminé le rôle des Gouvernements, en présence de l'assemblée que le Saint-Père appelle auprès
de lui.

5.

Dans les conciles antérieurs, les Souverains avaient leur place marquée d'avance. Ils étaient conviés à y participer, soit en personne, soit par leurs envoyés. Les Ambassadeurs siégeaient parmi les membres du clergé et souvent exerçaient sur la marche des délibérations une action considérable. Quelquefois même, la tenue des conciles était provoquée par l'initiative des Princes, qui s'entendaient avec les Papes sur l'opportunité des mesures à prendre dans l'intérêt commun.

Rien n'était plus naturel dans un temps où les questions de l'ordre civil se confondaient souvent avec celles de l'ordre religieux, par le fait même des institutions et des lois.

La liberté de conscience proclamée depuis lors a modifié cet état de choses : le pouvoir civil et le pouvoir ecclésiastique ont compris le besoin de se définir plus nettement, et notre législation a marqué les limites de leur compétence, tout en les maintenant unis l'un et l'autre, sous les conditions tracées par l'accord établi entre la France et le Saint-Siége au commencement de ce siècle. Le domaine de l'Église et celui de l'État sont ainsi devenus plus distincts.

Sans doute, le contact des intérêts n'a pas cessé avec la confusion des institutions, et il est, par la nature même des choses, des questions mixtes qui relèvent à la fois de l'autorité laïque et de l'autorité ecclésiastique. Les Gouvernements, en reconnaissant leur incompétence pour toutes les affaires de doctrine et d'enseignement religieux, pourraient encore revendiquer comme un droit la faculté d'intervenir dans les discussions portant sur les priviléges que leur devoir est de conserver intacts. Mais le Gouvernement de Sa Majesté verrait aujourd'hui dans l'usage de ce droit de sérieux inconvénients. Son intervention pourrait avoir pour résultat de l'engager dans des débats pénibles, sans lui donner la certitude de faire prévaloir ses avis, et l'exposerait à des conflits qu'il ne pourrait la plupart du temps éviter sans encourir les plus graves responsabilités.

Nos lois elles-mêmes nous offrent sous ce rapport toutes les garanties voulues. Elles ont maintenu en faveur du pouvoir civil la faculté qu'il avait déjà dans les époques antérieures de s'opposer à tout ce qui serait contraire à nos franchises nationales.

Nous serions donc parfaitement en mesure de décliner, le cas échéant, celles des décisions du prochain Concile qui seraient en désaccord avec le droit public de la France. C'est là, au surplus, une éventualité en présence de laquelle nous espérons ne pas nous trouver placés : nous avons confiance dans les vues élevées qui prévaudront au sein de cette assemblée, car il nous est permis de compter non moins sur la sagesse du Saint-Siége que sur les lumières et le patriotisme des évêques.

Notre pensée n'est pas d'ailleurs de nous considérer comme entièrement désintéressés dans l'œuvre pour laquelle le Saint-Père convoque les prélats de l'église catholique. L'importance d'une réunion de cette nature, au milieu de la crise que traversent les sociétés modernes, ne peut être mise en doute, et rien de ce qui regarde les destinées du monde catholique ne saurait nous trouver inattentifs ou indifférents. Le Gouvernement de l'Empereur ne renonce donc point à faire usage de son influence. Il l'emploiera à recommander à tous les idées de conciliation dont le triomphe ne pourrait que contribuer à l'affermissement de l'ordre social et à la paix des consciences. Mais cette influence modératrice, c'est par l'entremise de nos représentants ordinaires que nous nous proposons de l'exercer, sans députer au Concile un mandataire spécial, dont la présence engagerait la liberté d'action que nous désirons au contraire nous réserver entièrement.

Cette ligne de conduite concorde avec ce que nous connaissons des dispositions de la généralité des Gouvernements catholiques; et le Pape Pie IX semble lui-même préparé à l'abstention des Souverains, puisqu'il n'a pas jugé à propos de faire appel à leur concours direct, et ne leur a point adressé, comme aux temps passés, l'invitation de se faire représenter.

Lorsque le Gouvernement de l'Empereur adopte le parti de ne point avoir d'ambassadeur au sein du Concile, il n'obéit donc pas seulement à l'esprit de nos lois; la réserve qu'il croit sage de garder est en outre d'accord avec celle dans laquelle se renferme le Saint-Père lui-même, et, en suivant à cet égard la politique qui nous paraît la plus propre à sauvegarder nos droits, nous sommes également fondés à espérer que la Cour de Rome rendra pleine justice aux considérations qui ont inspiré notre résolution.

Vous êtes autorisé à donner lecture de cette dépêche à M. le Ministre des Affaires Étrangères du Gouvernement auprès duquel vous êtes accrédité, sans lui en laisser toutefois copie.

Agréez, etc.

Signé Prince DE LA TOUR D'AUVERGNE.

---

M. le Vicomte DE CROY, Chargé d'Affaires de France à Rome, au Ministre des Affaires étrangères.

(EXTRAIT.)

Rome, le 22 septembre 1869.

Prince, j'ai reçu la dépêche que Votre Excellence m'a fait l'honneur de m'adresser le 8 de ce mois et qui accompagnait la circulaire par laquelle le Gouvernement de l'Empereur fait connaître sa résolution de ne pas envoyer de plénipotentiaire spécial auprès du Concile.

La question de la représentation des États formait une des principales préoccupations du cercle assez restreint qui compose en ce moment le monde politique et diplomatique à Rome; de l'avis de tous elle est dès à présent tranchée. La décision de la France était, en effet, impatiemment attendue, avec la conviction qu'elle servirait de règle à la conduite des autres États catholiques.

Le grand événement qui se prépare est un sujet trop ordinaire de conversation pour avoir tardé à me fournir l'occasion de faire connaître sommairement au Cardinal Secrétaire d'État le parti auquel s'était arrêté le Gouvernement de l'Empereur. Son Éminence, déjà instruite de cette résolution par la Nonciature Apostolique de Paris, m'a paru en recevoir sans regret la confirmation officielle. Cette solution lui semble la meilleure et la plus adaptée aux circonstances dans lesquelles le Saint-Siége se trouve placé vis-à-vis de plusieurs Puissances. Sans entrer dans de nouvelles considérations, le Cardinal Antonelli s'est borné à rappeler en quelques mots les difficultés précédemment énumérées par Sa Sainteté et par lui-même. L'abstention de la France lève ici bien des embarras et met ordre à bien des situations fausses.

Veuillez agréer, etc.

Signé CROY.

----

M. le Duc DE GRAMONT, Ambassadeur de France à Vienne,
    au Ministre des Affaires étrangères.

*(EXTRAIT.)*

Vienne, le 21 septembre 1869.

Prince, Votre Excellence a bien voulu me faire connaître, par sa lettre du 8 de ce mois, l'attitude que nous nous proposons de garder vis-à-vis du Concile œcuménique convoqué à Rome pour le 8 décembre prochain.

Conformément à vos intentions, j'ai donné lecture de cette dépêche à M. le Baron d'Aldenbourg, en l'absence de M. le Comte de Beust. M. d'Aldenbourg m'a remercié de cette communication, à laquelle il s'attendait d'après une lettre qu'il venait de recevoir du chargé d'Affaires d'Autriche à Paris. Il a ajouté que la ligne de conduite que nous comptions suivre était celle que le Gouvernement de Sa Majesté Apostolique se proposait déjà d'adopter.

Le Cabinet de Vienne attendra, sans s'en inquiéter à l'avance, les décisions que pourra prendre le Concile, et il espère que la prudence du Saint-Père ainsi que le dévouement du sacré Collége tendront à écarter, dans les questions qui touchent aux rapports des pouvoirs civils et religieux, des solutions de nature à faire encourir une grave responsabilité à leurs auteurs. M. d'Aldenbourg m'a dit, au surplus, que, dans l'état actuel des esprits et avec l'interprétation donnée aujourd'hui à la législation que l'on rattache aux traditions de Joseph II, le droit public de la monarchie offrait sous ce rapport au Gouvernement des garanties suffisantes; qu'ici, comme en France, le pouvoir civil aurait la faculté de s'opposer à tout ce qui serait contraire aux priviléges de l'État et aux traditions nationales.

Après m'avoir fourni ces explications, qui indiquent suffisamment que la politique du Cabinet de Vienne à l'égard de l'Assemblée œcuménique ne différera guère de la nôtre, le Baron d'Aldenbourg m'a fait observer que, même en eussions-nous donné l'exemple, le Gouvernement Austro-Hongrois aurait hésité à nommer, dans cette circonstance, un mandataire spécial à Rome.

Le Comte Trautmansdorff sera simplement invité à se tenir au courant, avec l'aide des évêques qui voudront bien lui prêter leur concours, des résolutions qui seront débattues au sein de la réunion œcuménique. Quant à des instructions spéciales, dont on ne verrait en ce moment ni l'objet ni l'utilité, on ne lui en transmettra que si elles sont rendues nécessaires par les tendances du Concile et l'attitude du Gouvernement Pontifical.

Veuillez agréer, etc.

Signé GRAMONT.

———————

M. le Baron DE LA VILLESTREUX, Chargé d'Affaires de France à Florence,
   au Ministre des Affaires Étrangères.

(EXTRAIT.)

Florence, le 1er octobre 1869.

Prince, j'ai reçu la dépêche que Votre Excellence m'a fait l'honneur de m'adresser relativement à la résolution adoptée par le

Gouvernement de l'Empereur à l'égard du Concile œcuménique. Je me suis rendu sans retard auprès de M. le Président du Conseil, et, conformément à vos instructions, je lui ai donné lecture de ce document. M. le général Menabrea m'a écouté attentivement et m'a déclaré qu'il partageait entièrement les idées du Gouvernement Impérial à l'endroit des décisions éventuelles du Concile. Il pense également, comme Votre Excellence, qu'il n'y a pas lieu pour les Puissances de se faire représenter par des ambassadeurs spéciaux au sein de cette assemblée.

Veuillez agréer, etc.

Signé LA VILLESTREUX.

---

M. le Baron MERCIER DE LOSTENDE, Ambassadeur de France à Madrid, au Ministre des Affaires Étrangères.

*(EXTRAIT.)*

Madrid, le 28 septembre 1869.

Prince, c'est hier seulement qu'il m'a été possible de donner communication à M. le Ministre d'État de la dépêche que Votre Excellence m'a fait l'honneur de m'adresser au sujet du Concile œcuménique convoqué à Rome pour le 8 décembre prochain.

Après avoir écouté avec un vif intérêt la lecture de ce document, M. Silvela m'a dit qu'il ne pouvait que s'associer aux vues qui y étaient exprimées, et que Votre Excellence connaissait d'ailleurs, par ses entretiens avec M. Olozaga, quelles étaient, dans cette circonstance, les dispositions du Cabinet de Madrid.

Veuillez agréer, etc.

Signé MERCIER DE LOSTENDE.

---

## M. le Vicomte DE LA GUÉRONNIÈRE, Ministre de France à Bruxelles, au Ministre des Affaires étrangères.

( EXTRAIT.)

Bruxelles, le 25 septembre 1869.

Prince, suivant les instructions de Votre Excellence, j'ai donné connaissance à M. Van der Stichelen de votre dépêche en date du 8 septembre sur le Concile.

Cette communication a été accueillie avec le plus vif intérêt. M. le Ministre des Affaires étrangères m'a prié de vous faire connaître que, sur la plupart des points traités dans la dépêche française, le Gouvernement du Roi n'avait qu'à s'associer aux sentiments qui s'y trouvent exprimés. Il pense, comme le Cabinet des Tuileries, que le Concile, par la nature des questions qui devront y être examinées, par l'esprit qui semble en avoir inspiré la convocation, ne saurait laisser aucun rôle utile à une représentation officielle des Souverains.

Veuillez agréer, etc.

Signé LA GUÉRONNIÈRE.

## M. le Baron DE MAYNARD, Chargé d'Affaires de France à Lisbonne, au Ministre des Affaires étrangères.

( EXTRAIT.)

Lisbonne, le 29 septembre 1869.

Prince, en recevant la dépêche de Votre Excellence, relative à l'attitude que le Gouvernement de l'Empereur a l'intention de garder vis-à-vis du Concile œcuménique, je me suis rendu chez M. le Président du Conseil, chargé par intérim du Département des Affaires étrangères, et, après lui avoir fait connaître les vues du Gouvernement de

Sa Majesté, exposées dans la dépêche de Votre Excellence, sur le désir que m'a exprimé M. le Duc de Loulé, je lui ai donné lecture in *extenso* de ce document, ainsi que vos instructions m'y autorisaient.

M. le Président du Conseil m'a déclaré aussitôt que le Gouvernement du Roi Dom Luiz se plaçait au même point de vue que celui de l'Empereur pour envisager la question du prochain Concile, et qu'il se proposait de suivre la même ligne de conduite. Toutefois, M. le Duc de Loulé a ajouté que le Cabinet Portugais s'abstiendrait de toute intervention, même officieuse, auprès de la Cour de Rome.

Veuillez agréer, etc.

Signé MAYNARD.

M. le Marquis DE CADORE, Ministre de France à Munich,
au Ministre des Affaires Étrangères.

( *EXTRAIT.* )

Munich, ce 22 septembre 1869.

Prince, j'ai eu l'honneur, suivant en cela les directions de Votre Excellence, de donner lecture à M. le Ministre des Affaires Étrangères de Bavière de la dépêche relative à l'attitude que le Gouvernement de l'Empereur se propose d'observer à l'égard de la grande Assemblée catholique convoquée à Rome.

Le prince de Hohenlohe m'a écouté avec la plus grande attention; il apprécie parfaitement, m'a-t-il dit, la valeur des motifs qui nous ont déterminés à ne pas nous faire représenter au Concile par un mandataire spécial, et il compte proposer au Roi de suivre la même politique de réserve et d'abstention.

Veuillez agréer, etc.

Signé CADORE.

## M. le Marquis DE BANNEVILLE, Ambassadeur de France à Rome, au Ministre des Affaires étrangères.

(EXTRAIT.)

Rome, le 10 novembre 1869.

Prince, arrivé à Rome le 3 de ce mois, je me suis rendu le lendemain chez le Cardinal Secrétaire d'État, et je l'ai prié de solliciter pour moi une audience du Saint-Père.

Le Pape m'a reçu hier. L'entretien n'a pas tardé à s'établir sur la question du Concile. Le Pape connaît, ai-je dit, la résolution à laquelle s'est arrêté le Gouvernement de l'Empereur, en ce qui concerne la question de la représentation des Gouvernements, et les motifs qui l'ont dictée. Cette résolution, à laquelle se sont ralliés tous les Cabinets, est, en même temps, celle qui répondait le mieux, ce me semble, aux désirs du Saint-Siége et aux idées que le Saint-Père lui-même m'avait fait l'honneur de m'exprimer; elle n'impliquait, du reste, de la part du Gouvernement de l'Empereur, ni indifférence pour un acte aussi considérable que l'était la réunion d'un Concile œcuménique, ni l'intention de se désintéresser des questions à débattre et des décisions à intervenir, en tant qu'elles pouvaient affecter la paix des consciences ou les rapports existants de l'Église et de l'État. J'espérais que, sous la direction du Saint-Père, la haute prudence, la sagesse consommée et l'expérience des évêques sauraient éviter de faire naître des conflits, toujours regrettables, et qui ne pouvaient être que préjudiciables à la religion, entre les principes qui sont aujourd'hui la base de presque toutes les législations civiles ou des institutions politiques et les vérités de l'ordre moral et religieux qu'il appartient à l'Église de définir et d'affirmer. Le Gouvernement de l'Empereur, en ce qui le concernait, avait, dans le passé et jusqu'au jour où nous parlions, aussi bien dans l'intérieur de l'Empire qu'au dehors, donné assez de gages des sentiments dont il est animé envers l'Église pour espérer que ses intentions seraient comprises, et les conseils de modération et de prudence qu'il croirait devoir donner, écoutés.

A l'égard des travaux du Concile, des questions qui y seront débattues et de ses décisions éventuelles, le Pape a évité toute parole pouvant engager son opinion et ses prévisions personnelles; on devait s'en remettre à la sagesse des Pères du Concile, qui, avec l'assistance de Dieu, pourvoiraient à tout ce qu'exigeaient, dans le temps où nous sommes, le bien de la religion et les intérêts de l'Église; on pouvait regretter les conjectures téméraires auxquelles se livraient trop souvent des esprits ardents et impatients, et la discussion prématurée de certaines questions qu'il eût mieux valu réserver au Concile lui-même s'il jugeait opportun de les examiner. Quant à la représentation des Puissances, le Saint-Père a reconnu que la résolution du Gouvernement de l'Empereur était motivée par les circonstances du temps présent et en accord avec les idées qu'il m'avait lui-même exprimées.

Veuillez agréer, etc.

Signé BANNEVILLE.

# LOI

## SUR LA NATIONALITÉ OTTOMANE.

# LOI SUR LA NATIONALITÉ OTTOMANE.

M. Bourée, Ambassadeur de France à Constantinople,
    à M. le Marquis de La Valette, Ministre des Affaires étrangères.

*(EXTRAIT.)*

Péra, le 9 février 1869.

Monsieur le Marquis, j'ai l'honneur de transmettre ci-joint à Votre Excellence le texte de la loi sur la nationalité Ottomane ; les conditions et les restrictions mises au passage de cette nationalité à une nationalité étrangère, et *vice versâ*, ont été calculées en vue de faire obstacle aux nombreux abus qui ont eu lieu dans ces dernières années en matière de naturalisation.

Les articles 3 et 4 constituent une innovation importante : la nationalité Ottomane s'acquérait autrefois par la seule conversion à l'islamisme ; les cas où cette conversion n'avait pas été exigée n'étaient que des exceptions ; sous l'empire de la loi nouvelle, il ne reste rien de l'ancienne tradition ; la nationalité Ottomane s'obtiendra par le séjour et par des formalités analogues à celles qui sont imposées dans les États Européens.

Veuillez agréer, etc.

Signé Bourée.

## LOI SUR LA NATIONALITÉ OTTOMANE.

ART. 1er. — Tout individu né d'un père Ottoman et d'une mère Ottomane, ou seulement d'un père Ottoman, est sujet Ottoman.

ART. 2. — Tout individu né sur le territoire Ottoman, de parents étrangers, peut, dans les trois années qui suivront sa majorité, revendiquer la qualité de sujet Ottoman.

ART. 3. — Tout étranger majeur qui a résidé durant cinq années consécutives dans l'Empire Ottoman peut obtenir la nationalité Ottomane en adressant directement ou par intermédiaire sa demande au Ministre des Affaires étrangères.

ART. 4. — Le Gouvernement Impérial pourra accorder extraordinairement la nationalité Ottomane à l'étranger qui, sans remplir les conditions de l'article précédent, serait jugé digne de cette faveur exceptionnelle.

ART. 5. — Le sujet Ottoman qui a acquis une nationalité étrangère avec l'autorisation du Gouvernement Impérial est considéré et traité comme sujet étranger; si, au contraire, il s'est naturalisé étranger sans l'autorisaiton préalable du Gouvernement Impérial, sa naturalisation sera considérée comme nulle et non avenue, et il continuera à être considéré et traité en tous points comme sujet Ottoman.

Aucun sujet Ottoman ne pourra, dans tous les cas, se naturaliser étranger qu'après avoir obtenu un acte d'autorisation délivré en vertu d'un iradé impérial.

ART. 6. — Néanmoins le Gouvernement Impérial pourra prononcer la perte de la qualité de sujet Ottoman contre tout sujet Ottoman qui se sera naturalisé à l'étranger ou qui aura accepté des fonctions militaires près d'un Gouvernement étranger sans l'autorisation de son Souverain.

Dans ce cas, la perte de la qualité de sujet Ottoman entraînera de plein droit l'interdiction, pour celui qui l'aura encourue, de rentrer dans l'Empire Ottoman.

ART. 7. — La femme Ottomane qui a épousé un étranger peut, si elle devient veuve, recouvrer sa qualité de sujette Ottomane, en en faisant la déclaration dans les trois années qui suivront le décès de son mari. Cette disposition n'est toutefois applicable qu'à sa personne : ses propriétés sont soumises aux lois et règlements généraux qui les régissent.

Art. 8. — L'enfant même mineur d'un sujet Ottoman qui s'est naturalisé étranger ou qui a perdu sa nationalité ne suit pas la condition de son père et reste sujet Ottoman. L'enfant même mineur d'un étranger qui s'est naturalisé Ottoman ne suit pas la condition de son père et reste étranger.

Art. 9. — Tout individu habitant le territoire Ottoman est réputé sujet Ottoman et traité comme tel, jusqu'à ce que sa qualité d'étranger ait été régulièrement constatée.

Sublime Porte, le 6 chewal/19 janvier 1869.

---

M. le Baron BAUDE, Ministre de France à Athènes,
au Ministre des Affaires étrangères.

*(EXTRAIT.)*

Athènes, le 4 mars 1869.

Monsieur le Marquis, le Ministre des Affaires étrangères a insisté auprès de moi sur le prix qu'il attacherait à ce que les Puissances prêtassent leur appui à la Grèce dans la question du régime légal des Hellènes résidant en Turquie. J'ai cru pouvoir l'assurer qu'en tout ce qui serait conforme à l'équité, le Ministre de Grèce à Constantinople trouverait bon accueil auprès des Ambassadeurs des Puissances; mais j'ai ajouté que l'issue d'une négociation sur des questions si complexes, qui avaient soulevé entre l'Angleterre et les États-Unis des difficultés sans cesse renouvelées, était difficile à annoncer d'avance. M. Delyanni reconnaît, sans grande contestation, que la loi Ottomane du 19 janvier est le principe d'un ordre de choses nouveau, mais il ne peut admettre qu'elle ait aucun effet rétroactif, et, suivant lui, les Hellènes devront se trouver, en principe, dans la situation où ils étaient avant le 19 janvier, sauf examen des cas particuliers.

Veuillez agréer, etc.

Signé BAUDE.

---

LE MINISTRE DES AFFAIRES ÉTRANGÈRES
au Ministre de France à Athènes.

Paris, le 5 mars 1869.

Monsieur le Baron, j'ai appris avec satisfaction qu'aucune difficulté n'était plus à redouter de la part du Gouvernement Grec qui fût de nature à compromettre le rétablissement de ses relations avec la Porte. Chargé comme Président de la Conférence de veiller à la reprise des rapports entre les deux Pays, je devais me préoccuper de tout ce qui pouvait contrarier ce résultat. Vous savez déjà que les renseignements transmis à M. l'Ambassadeur d'Angleterre, à la date du 27 février, donnaient à entendre qu'avant de procéder au rétablissement des Légations, le Cabinet d'Athènes désirait savoir si les Ambassadeurs des Puissances protectrices seraient autorisés à lui prêter leur concours pour obtenir que les sujets Grecs fussent replacés dans la position dont ils jouissaient antérieurement à la rupture. Je me suis empressé de vous mettre à même de faire connaître au besoin au Gouvernement Hellénique l'impossibilité où nous serions de prendre à cet égard aucun engagement. La Conférence, en effet, n'ayant mis aucune condition à la reprise des rapports, il n'appartenait pas aux trois Cours de rien modifier à ce qui a été décidé par les signataires de la Déclaration du 20 janvier. Vous m'avez répondu que le Gouvernement Hellénique n'entendait nullement subordonner le retour de sa Légation en Turquie à la solution de cette délicate affaire, et qu'il se bornait à exprimer l'espoir que son Ministre obtiendra l'appui des Puissances lorsqu'il sera appelé à la traiter à Constantinople. Je vous ai indiqué sommairement nos dispositions. La question qui motive en ce moment les préoccupations de M. Delyanni intéresse deux catégories de réclamants entre lesquelles il y a lieu d'établir une distinction. La première comprend ceux des sujets Hellènes qui, véritablement originaires de la Grèce, se sont trouvés amenés, sous l'empire des dernières circonstances, à accepter la nationalité Ottomane: il serait entièrement naturel et juste qu'ils fussent replacés dans leur position antérieure, et nous nous exprimerons volontiers en ce sens à Constantinople, lorsque la question y sera posée. Quant aux nombreux individus qui prétendent exciper d'une naturalisation étrangère sans pouvoir invoquer aucun titre légal, nous ne saurions envisager leurs réclamations sous un jour aussi favorable. La question n'est pas nouvelle d'ailleurs : elle a, au contraire, occupé souvent les Puissances et la Porte; j'ai eu moi-même à la traiter en 1860, pendant le cours de mon Ambassade à Constantinople. Je ne crois pas que la Grèce ait intérêt à la soulever, car l'abus de la naturalisation étrangère en Turquie a été tel, qu'aucune Puissance ne peut faire un grief au Gouvernement Ottoman de chercher à y mettre un terme.

Dans tous les cas, le Cabinet d'Athènes ne pouvait subordonner le rétablissement des Légations à la solution préalable de cette affaire, ni à aucun engagement de notre part; il l'a très-bien compris, et nous ne pouvons que le louer d'avoir décidé qu'il ne s'arrêterait pas à sa première pensée.

Recevez, etc. etc.

Signé La Valette.

---

Le Ministre des Affaires étrangères
   à M. le Baron de Talleyrand, Ambassadeur de France à Saint-Pétersbourg.

Paris, le 24 mars 1869.

Monsieur le Baron, M. l'Ambassadeur de Russie m'a donné connaissance d'une dépêche adressée par le Prince Gortchakoff à M. le Baron de Brunnow à Londres, et relative à la question récemment soulevée par le Cabinet d'Athènes, quant à la condition des sujets Hellènes résidant en Turquie. Le Chancelier, en se prononçant pour la solution la plus large, déclare que le concours du Cabinet russe est pleinement acquis aux démarches dont la France et l'Angleterre seraient disposées à prendre l'initiative dans le but d'appuyer les demandes du Gouvernement Hellénique. Le Prince Gortchakoff exprime, en outre, le vœu que les Puissances s'entendent à cette occasion pour examiner les mesures adoptées en dernier lieu par la Porte en matière de naturalisation.

Cette dernière question est importante par elle-même comme par ses conséquences, et ce n'est pas d'ailleurs la première fois qu'elle se présente en Turquie. Personne n'ignore, en effet, que la Porte s'est toujours élevée contre les facilités que ses sujets trouvaient pour obtenir la nationalité étrangère et pour échapper ainsi aux charges du pays tout en continuant à résider sur le territoire Turc. Il est impossible de contester qu'elle soit fondée à se préoccuper de l'extension qui a été donnée à ce système de naturalisation, surtout lorsqu'il est appliqué par la Grèce. On évalue à un chiffre considérable, et chaque jour croissant, le nombre des individus qui, par cela seul qu'ils parlent la langue grecque, cherchent à obtenir et obtiennent la nationalité grecque. Un tel état de choses constitue certainement un véritable danger pour la Porte, et l'on conçoit qu'elle ait eu le désir d'y pourvoir au moyen d'une loi.

Cependant cette mesure, d'après la dépêche du Prince Gortchakoff à M. de Brunnow, soulève deux questions que M. le Chancelier de Russie a également indiquées dans un entretien avec vous. La première est celle de savoir si la loi est d'accord ou non avec les priviléges assurés aux étrangers en vertu des capitulations; la seconde porte sur la rétroactivité, et le Prince Gortchakoff demande s'il est possible que la nouvelle loi soit appliquée aux sujets Ottomans naturalisés Grecs avant la rupture des relations entre la Turquie et la Grèce.

Sur le premier point, je n'hésite pas à dire que, si la loi dont il s'agit portait une atteinte quelconque directe ou indirecte aux capitulations, il y aurait lieu certainement de faire des représentations à la Porte, et nous ne serions pas les derniers à nous en expliquer avec elle. J'ajouterai que je n'ai point, quant à présent, d'idée arrêtée sur les dispositions de la loi turque du 19 janvier. Je me propose de la déférer à l'examen du Comité du contentieux institué auprès de mon

Département, et je dois attendre le résultat de cette étude avant d'exprimer une opinion. Je me borne à constater que jusqu'ici les dispositions législatives adoptées par le Gouvernement Ottoman ne paraissent avoir soulevé d'objections de la part d'aucune Puissance au point de vue des garanties acquises en vertu des capitulations.

Quant à la question de rétroactivité, je crois que la difficulté est plus apparente que réelle. Et d'abord, rien ne prouve que le Gouvernement Ottoman ait l'intention d'appliquer la loi qu'il vient de faire aux sujets du Sultan naturalisés étrangers à une époque antérieure. Pour déterminer leur situation, il n'a besoin que d'invoquer les capitulations ainsi qu'il l'a fait toutes les fois qu'il a voulu réagir contre les abus de la protection; en un mot, la difficulté se réduit à rechercher, non pas si les individus qui se trouvent en cause ont été naturalisés conformément aux principes de la loi récemment promulguée, mais s'ils ont obtenu cette faveur dans des conditions compatibles avec l'esprit et les termes des capitulations. Il est clair que le Gouvernement Turc n'était pas dans la nécessité de faire une loi pour être autorisé à ne point reconnaître la qualité d'étrangers à ceux de ses anciens sujets qui n'auraient pas de titres réguliers à produire.

En ce qui regarde particulièrement les Hellènes, il résulte d'un télégramme de M. Bourée en date du 11 janvier, dont j'ai donné connaissance aux Membres de la Conférence, que les mesures qui concernent les naturalisations abusives étaient décidées depuis longtemps; elles ont coïncidé avec la rupture, mais elles n'en étaient pas la conséquence et ne se rattachent pas d'une manière directe à l'ultimatum.

Telles sont, Monsieur le Baron, les considérations générales qui nous paraissent dominer la question, et dont il y aura lieu, selon nous, de tenir compte dans l'examen des demandes du Gouvernement Hellénique. Lord Clarendon, à qui M. le Baron de Brunnow a fait la communication dont il était chargé, n'a pas repoussé l'idée d'accorder son appui dans la mesure de ce qui lui paraîtrait juste et possible; mais il s'est refusé à prendre aucun engagement jusqu'à ce que le Gouvernement Hellénique ait fait connaître d'une manière exacte et par écrit la nature et la portée de sa réclamation. J'ignore l'avis des autres

Cabinels. Quant à nous, ainsi que nous l'avons déjà dit, nous avons toujours pensé qu'il était juste d'établir une distinction entre les individus d'origine ottomane qui ont acquis la nationalité étrangère en vertu d'un titre valable et ceux qui ne l'ont obtenue que d'une manière abusive et contrairement à tous les principes du droit public. Quelle que soit l'opinion à laquelle nous arriverons, après examen, sur la nouvelle loi publiée le 19 janvier à Constantinople, nous sommes toujours disposés à prêter notre concours au Cabinet Hellénique auprès du Gouvernement Turc pour assurer le retour à la nationalité grecque des Hellènes naturalisés de bonne foi qui auraient été obligés d'accepter la sujétion ottomane après la rupture des relations.

En terminant la communication adressée à M. le Baron de Brunnow, le Prince Gortchakoff rappelle la loyauté avec laquelle la Grèce s'est résignée au verdict des Cours Européennes et y voit pour elle de nouveaux titres à leur intérêt. Nous rendons également justice aux sentiments personnels du Roi Georges et au bon esprit que ses Ministres actuels ont montré dans des circonstances difficiles. Mais nous ne pouvons nous écarter, dans la question spéciale que j'examine ici, des principes de jurisprudence qui règlent partout l'acquisition ou la perte de la nationalité. En ce qui me touche personnellement, je ne fais que rester fidèle aux convictions que je me suis formées à ce sujet pendant mes deux ambassades à Constantinople.

Agréez, etc.

Signé La Valette.

----

M. le Prince DE LA TOUR D'AUVERGNE, Ambassadeur de France à Londres,

au Ministre des Affaires étrangères.

(EXTRAIT.)

Londres, le 31 mars 1869.

Monsieur le Marquis, je vous remercie de m'avoir communiqué le texte de la dépêche que vous avez adressée, à la date du 24 de ce mois, à M. le Baron de Talleyrand, en réponse aux premières démarches faites auprès de Votre Excellence par M. l'Ambassadeur de Russie. J'ai cru utile, pour faciliter autant que possible l'accord de vues entre nous et le Cabinet de Londres, d'en donner rapidement lecture au Principal Secrétaire d'État, qui m'a paru, je m'empresse de le constater, adhérer d'une manière générale aux appréciations qu'elle renferme.

Lord Clarendon ne se montre nullement disposé à considérer la question de nationalité soulevée par la Grèce comme une question européenne. Il m'a fait remarquer plusieurs fois, et hier encore, que les mesures adoptées par le Gouvernement Ottoman n'avaient soulevé jusqu'ici aucune objection de la part des sujets des autres Puissances, et que ce serait compliquer gratuitement la question que de lui attribuer une portée que, jusqu'à plus ample information, il se refusait à lui reconnaître.

Veuillez agréer, etc.

Signé Prince DE LA TOUR D'AUVERGNE.

---

L'AMBASSADEUR DE FRANCE à Saint-Pétersbourg
au Ministre des Affaires étrangères.

( EXTRAIT. )

Saint-Pétersbourg, le 6 avril 1869.

Monsieur le Marquis, j'ai reçu la dépêche que vous m'avez fait l'honneur de m'écrire le 24 mars. Je n'ai pas manqué, en m'entretenant avec le Prince Gortchakoff sur la nouvelle loi ottomane relative à la naturalisation, de m'inspirer des considérations que Votre Excellence y développait.

J'ai dit au Chancelier que Votre Excellence avait soumis la loi en question à l'examen du Comité du contentieux, et que, s'il ressortait de

cet examen qu'il y eût atteinte directe ou indirecte portée aux capitulations, nous serions prêts à faire entendre à la Porte, de concert
avec les autres Cours, de sérieuses représentations. Cette loi a été
l'objet d'un travail approfondi à la Chancellerie d'État. Les conclusions
de ce travail se trouvent exposées dans un Memorandum que le Chancelier se propose d'adresser aux Agents diplomatiques de la Russie
auprès des grandes Cours.

Veuillez agréer, etc.

Signé TALLEYRAND.

———

**M. le Duc DE GRAMONT**, Ambassadeur de France à Vienne,
au Ministre des Affaires étrangères.

*( EXTRAIT. )*

Vienne, le 6 avril 1869.

Monsieur le Marquis, aussitôt après mon arrivée à Vienne, je me
suis empressé d'entretenir M. le Comte de Beust de la question soulevée par la loi de naturalisation récemment promulguée par la Porte,
et j'ai constaté tout de suite la presque identité de ses appréciations
et des nôtres. La dépêche que Votre Excellence m'a fait l'honneur de
m'écrire le 30 mars m'ayant fourni une seconde occasion de revenir
sur ce sujet avec le Chancelier de l'Empire, je crois pouvoir dire qu'il
n'existe absolument aucune différence entre la manière de voir du Cabinet de Vienne et celle du Gouvernement de l'Empereur.

Pour justifier cette assertion, il me suffira de résumer en quelques
mots l'opinion du Chancelier. La reprise des relations diplomatiques
entre la Turquie et la Grèce, étant un fait accompli ou pouvant être
considéré comme tel, entraîne comme conséquence logique et nécessaire l'abrogation de toutes les mesures qui découlaient de l'ultimatum
et le retour à l'état de choses antérieur, en tant que cet état de choses
aurait été modifié par le différend que la Conférence de Paris a eu

la mission de résoudre. Mais il n'en résulte pas pour la Porte l'obligation de renoncer aux modifications qu'elle croit devoir apporter à sa législation pour réprimer ou prévenir des abus qui sont notoires.

Le Gouvernement Turc a donc parfaitement le droit de faire une nouvelle loi pour régler la naturalisation et la nationalité des habitants de son territoire. De leur côté, les Puissances ont, en vertu des traités dits capitulations, le droit et le devoir de veiller à ce que la loi nouvelle ne blesse aucune des garanties assurées par ces traités à leurs nationaux.

A cet effet, le Chancelier de l'Empire a soumis la loi turque à l'examen du Comité oriental compétent à Vienne, de même que Votre Excellence l'a soumise à l'étude du Comité du contentieux attaché à son département, et, comme Votre Excellence, il attendra le résultat de cette étude avant de se prononcer.

Si la nouvelle loi renferme quelque clause peu compatible avec les traités existants, le Cabinet de Vienne en fera l'objet d'une communication directe au Gouvernement Turc, et il ne doute pas que ce dernier ne s'empresse d'y faire droit.

Veuillez agréer, etc.

Signé GRAMONT.

---

LE MINISTRE DE FRANCE à Athènes
    au Ministre des Affaires étrangères.

(EXTRAIT.)

Athènes, le 15 avril 1869.

Monsieur le Marquis, M. Th. Délyanni se propose, en admettant que la loi du 19 janvier 1869 puisse être le point de départ d'un ordre de choses nouveau, de demander la séparation des questions de principe et des questions de fait; de fixer les premières en convenant, comme cela a déjà eu lieu, d'une date au delà de laquelle aucune personne ne pourra être recherchée pour sa nationalité, et de soumettre l'examen des secondes à une Commission mixte. Afin de ne point s'égarer dans des combinaisons nouvelles, il désirerait prendre pour type un des arrangements précédemment conclus, sur le même objet, par la Porte avec l'une des Puissances qui ont eu à régler des difficultés de la même nature.

Il tient essentiellement à ce qu'il soit établi que la nouvelle loi n'aura pas d'effet rétroactif.

Veuillez agréer, etc.

Signé BAUDE.

---

L'AMBASSADEUR DE FRANCE à Constantinople
au Ministre des Affaires étrangères.

( EXTRAIT. )

Constantinople, le 3 avril 1869.

Monsieur le Marquis, j'ai l'honneur d'envoyer ci-joint à Votre Excellence une traduction de la circulaire adressée par le Gouvernement Ottoman aux Gouverneurs généraux des vilayets de l'Empire au sujet de la loi sur la naturalisation.

Veuillez agréer, etc.

Signé BOURÉE.

---

CIRCULAIRE ADRESSÉE AUX GOUVERNEURS GÉNÉRAUX DES VILAYETS
DE L'EMPIRE EN DATE DU 26 MARS 1869.

Je vous ai précédemment transmis la loi sur la nationalité ottomane, promulguée le 6 chewal 1285 (19 janvier 1869). Quoique, dans son ensemble, cette loi ne puisse donner lieu à des interprétations divergentes, je tiens à vous préciser l'esprit qui a dicté ses dispositions les plus importantes.

Je n'ai pas d'abord besoin de vous dire que cette loi, comme toute loi d'ailleurs, n'a pas d'effet rétroactif; tous ceux qui ont été déjà admis à la nationalité ottomane et tous les sujets ottomans d'origine qui, soit en vertu des traités, soit en vertu d'ententes spéciales intervenues entre la Sublime Porte et les Missions étrangères accréditées auprès d'elle, ont été reconnus par le Gouvernement Impérial comme ayant acquis une nationalité étrangère, restent sujets ottomans ou étrangers, comme par le passé.

Les dispositions contenues dans les articles 1, 2, 3 et 4 sont assez simples pour se passer de commentaires. Je vous rappellerai seulement que, comme la loi personnelle de chacun, c'est-à-dire la loi du pays d'origine, est celle qui fixe l'époque de sa majorité, et que cette loi varie suivant les pays, la majorité étant fixée dans quelques-uns à vingt-cinq ans, et au-dessus ou au-dessous de cet âge dans d'autres, tout sujet étranger qui demandera la naturalisation ottomane devra prouver qu'il est majeur suivant la loi du pays dont il est originaire.

L'article 5 exige du sujet ottoman qui veut acquérir une nationalité étrangère de se munir préalablement d'un acte d'autorisation qui lui sera délivré en vertu d'un Iradé impérial, sans quoi sa naturalisation sera toujours considérée comme nulle et non avenue, et le Gouvernement Impérial pourra même (art. 6) prononcer contre lui la perte de la qualité de sujet ottoman, ce qui emportera de plein droit l'interdiction de rentrer dans l'Empire Ottoman. Il appartient exclusivement au Gouvernement Impérial de prononcer la peine édictée par l'article 6. Les Autorités impériales se borneront à considérer comme nulle et non avenue la naturalisation étrangère acquise sans autorisation par tout sujet ottoman d'origine, et elles ne prendront aucune mesure d'expulsion sans avoir préalablement reçu les ordres directs de la Sublime Porte.

Comme la femme ottomane qui épouse un étranger cesse d'être sujette ottomane, l'article 7 lui accorde la faculté de recouvrer, si elle devient veuve, sa nationalité originaire, en le déclarant à l'autorité ottomane dans les trois ans qui suivront la mort de son mari.

L'article 8 établit que la naturalisation du père n'emporte pas celle des enfants, lors même qu'ils seraient mineurs. Le bénéfice de la naturalisation, accordé au père, n'est étendu à ses enfants qu'autant qu'ils le veulent. S'ils sont majeurs, ils sont libres de suivre la condition de leur père en en faisant la demande; dans le cas contraire, ils peuvent le faire aussitôt qu'ils ont atteint leur majorité. Il est aisé de comprendre que cette disposition, conforme, d'ailleurs, à celles de la plupart des législations européennes, est édictée dans l'intérêt même des enfants, à qui la naturalisation du père pourrait parfois ne pas convenir ou être même préjudiciable.

Cette disposition ne s'applique pas, toutefois, aux enfants nés après la naturalisation du père. Ceux-là suivent la condition de leur père et font partie de la nation à laquelle ils appartiennent par suite de sa naturalisation.

La dernière disposition de la loi se rapporte exclusivement aux cas d'individus que l'on aurait des raisons de croire sujets ottomans et qui revendiqueraient une nationalité étrangère sans être en mesure de justifier leur dire. Il est clair que, en cas de contestation, la preuve de la nationalité étrangère incombe à celui qui la revendique, et, jusqu'à ce qu'il fournisse cette preuve, les Autorités impériales doivent, en tant qu'il se trouve sur le territoire ottoman, le considérer et le traiter comme sujet ottoman.

Il est inutile d'ajouter que l'article 8 ne porte aucune atteinte aux droits acquis aux étrangers par les traités, et n'autorise point les Autorités impériales à se départir des règles découlant de ces traités dans leurs rapports avec les étrangers.

Je conclurai, Monsieur le Gouverneur général, en vous faisant observer que la naturalisation ne peut, en aucun cas, avoir pour effet de soustraire l'individu naturalisé aux poursuites civiles ou criminelles qui auraient été intentées contre lui, antérieurement à l'époque de sa naturalisation, par-devant l'autorité dont il relevait jusque-là.

Vous voudrez bien, Monsieur le Gouverneur général, vous conformer strictement à ces instructions dans l'application des dispositions de la nouvelle loi. Afin de faciliter votre tâche, cette communication sera également transmise aux Missions étrangères accréditées auprès de la Sublime Porte, pour être portée à la connaissance de leurs agents dans les provinces.

---

Le Ministre de France à Athènes
au Ministre des Affaires étrangères.

Athènes, le 22 avril 1869.

Monsieur le Marquis, Photiadès-Bey a remis au Ministre des Affaires étrangères de Grèce la circulaire du Gouvernement Ottoman aux Gouverneurs des vilayets. La Porte y proclame le principe de la non-rétroactivité de la loi du 19 janvier 1869. La difficulté capitale, qui pouvait être, dès le début, l'écueil de l'entente, se trouvant ainsi écartée, M. Th. Delyanni m'a paru, sauf quelques points de détail, satisfait de l'ensemble des dispositions manifestées dans ce document.

Veuillez agréer, etc.

Signé BAUDE.

---

AALI-PACHA, Grand-Visir,
à DJEMIL-PACHA, Ambassadeur du Sultan à Paris.

Sublime-Porte, le 21 avril 1869.

Monsieur l'Ambassadeur, j'ai l'honneur de vous transmettre ci-joint un mémoire répondant aux objections soulevées de la part de quelques Puissances contre la loi promulguée récemment sur la nationalité ottomane.

Je vous entretiendrai prochainement de nouveau sur cette question pour répondre plus particulièrement à un mémorandum adressé à ce sujet par le Gouvernement Impérial de Russie aux cabinets européens.

En attendant, je vous autorise à communiquer le mémoire ci-annexé à Son Exc. le Ministre des Affaires étrangères de S. M. l'Empereur des Français.

Signé AALI.

---

MÉMOIRE DU GOUVERNEMENT OTTOMAN.

En présence des attaques dirigées contre la loi sur la nationalité ottomane, la Sublime Porte croit utile de rappeler les causes qui ont amené la promulgation de cette loi, et de démontrer le peu de fondement des arguments par lesquels on s'efforce de contester au Gouvernement Impérial le libre exercice du pouvoir législatif en cette matière.

Le Gouvernement Impérial a de tout temps reconnu que le droit de l'individu de quitter son pays d'origine, d'adopter une nouvelle patrie et de s'établir là où l'appellent ses intérêts ou sa convenance, est un droit découlant de la liberté individuelle. Mais depuis longtemps il a eu à lutter contre les abus qui devaient, par la force des choses, découler des capitulations et qui augmentaient de jour en jour. Les sujets de Sa Majesté commençaient à ne sentir que trop la position exceptionnelle et privilégiée créée par ces actes aux étrangers résidant dans l'Empire. Le désir naturel d'en profiter leur faisait rechercher la protection d'une mission ou d'un consulat étrangers, et ces missions ou consulats trouvaient leur convenance à la leur accorder.

C'est ainsi qu'il s'était formé en Turquie tout un corps de protégés étrangers dont le nombre dépassait celui des sujets étrangers eux-mêmes. C'étaient tous des sujets Ottomans qui, tout en ayant leur domicile permanent dans l'Empire, se soustrayaient à leur autorité législative. En dehors des protégés étrangers, la Sublime Porte s'est trouvée en présence d'un certain nombre de sujets Ottomans qui revendiquaient les privilèges et les immunités octroyés par les capitulations en vertu d'une naturalisation étrangère.

Le Gouvernement Impérial a cru avoir remédié en partie à cet état de choses par le règlement élaboré en 1863, qui limita le nombre des indigènes que chaque consulat pouvait employer à son service, et définit la nature, l'étendue et la durée de la protection acquise par les employés privilégiés.

Ce règlement a été élaboré par la Sublime Porte d'accord avec les Représentants des Puissances étrangères accrédités auprès d'elle. Il n'en pouvait être autrement, car il touchait à des dispositions de traités qu'on invoquait constamment. Notre espoir ne s'est cependant pas réalisé. Aussitôt que ce règlement fut promulgué, le nombre des sujets Ottomans adoptant des nationalités étrangères augmentait sensiblement à mesure que celui des protégés diminuait.

Cependant la Sublime Porte patienta pendant quelques années. Elle pensait que, eu égard aux formalités requises partout pour la naturalisation, cette première ardeur s'arrêterait bientôt. Elle était portée à croire qu'aucune Puissance ne se souciait de protéger les indigènes en vue de se créer une influence dans l'Empire. Elle espérait enfin qu'une révision prochaine des capitulations, révision promise dès 1856 par un protocole du Congrès de Paris, viendrait mettre fin à la tentation pour ses sujets d'obtenir la protection étrangère.

Mais ces espérances ont été cruellement déçues. Plusieurs États ont changé leur loi de naturalisation; la condition du séjour obligatoire pendant un certain nombre d'années a été sensiblement modifiée; elle a été même abolie dans quelques pays. Certains États limitrophes enrôlent par centaines des sujets dans l'Empire; des patentes de naturalisation étaient délivrées à des sujets Ottomans qui n'avaient jamais mis le pied hors du territoire; la révision des capitulations se faisait toujours attendre.

Il fallait à tout prix opposer une digue à cette inondation, le Gouvernement promulgua la loi du 19 janvier 1869.

En vue et dans le but unique d'empêcher le sujet Ottoman ayant son domicile dans l'Empire de se soustraire à son autorité légitime, la loi exige l'autorisation préalable du Souverain pour le changement de nationalité. Le Gouvernement Impérial est en devoir de poser et de maintenir cette condition qui paraît, il est vrai, restreindre les droits découlant de la liberté individuelle; mais tant que les étrangers continuent à ne plus être soumis au droit commun en Turquie, il n'a malheureusement pas d'autre alternative. D'ailleurs la plupart des États de l'Europe qui n'ont pas accordé de droits exceptionnels aux étrangers, maintiennent cette clause dans leurs lois sur le changement de nationalité.

La loi du 19 janvier a été l'objet des critiques les plus sévères; mais elles sont toutes tombées devant la communication officielle de la Sublime Porte expliquant l'esprit qui avait dicté et dans lequel devait être appliquée chacune de ses dispositions.

Une seule objection ne pouvait, par sa nature, trouver sa réponse dans la susdite communication. C'est celle qui a trait à l'exercice du pouvoir législatif par la Sublime Porte en matière de nationalité.

La question de la nationalité en Turquie, nous dit-on, est une question européenne; toutes les Puissances qui ont des traités avec la Sublime Porte y sont intéressées; toute loi ou règlement sur cette matière doit être l'œuvre commune de la Sublime Porte et des Représentants de ces Puissances.

Si la loi du 19 janvier avait un effet rétroactif et pouvait, pour cette raison, frapper des sujets ottomans qui auraient été, antérieurement à cette loi, reconnus par le Gouvernement Impérial comme naturalisés étrangers, ou si elle eût porté la moindre atteinte aux droits acquis par les étrangers en vertu des traités, ou qu'elle eût en vue de toucher à une disposition quelconque de ces traités, l'objection aurait eu quelque valeur. Mais la loi en question ne doit pas avoir d'effet rétroactif et ne touche à aucune des dispositions des traités existants. Il y a des personnes qui paraissent croire que la loi aurait un effet rétroactif, parce que la Sublime Porte ne veut pas admettre la validité des changements de nationalité opérés abusivement et en dehors des prescriptions des lois mêmes des pays d'adoption de ces nouveaux sujets. Mais les dispositions de la loi ne concernent que les sujets ottomans dont le changement de nationalité se fait légalement. Les autres n'ont été acceptés à aucune époque.

Admettre le concours des Représentants des Puissances étrangères dans l'élaboration de la loi, c'eût été reconnaître à ces Puissances le droit de s'immiscer dans les rapports de S. M. I. le Sultan avec ses sujets et d'intervenir dans l'administration de l'Empire. A l'appui de cette objection, on invoque une Convention qui aurait été passée entre la Turquie et la Russie au mois d'avril 1863.

La Sublime Porte s'empresse de déclarer que l'acte auquel on fait allusion et qui se trouve ci-joint en copie n'est qu'un arrangement fait à cette époque pour arrêter les bases de la procédure à suivre par la Commission mixte qui, d'un commun accord entre la Sublime Porte et l'Ambassade de Russie à Constantinople, était instituée dans la capitale et dans les provinces pour la vérification de la nationalité d'un certain nombre de sujets ottomans se prétendant naturalisés Russes.

Cet arrangement n'a jamais eu le caractère d'une Convention formelle ratifiée par les deux Gouvernements.

L'article 8 de cet arrangement porte, il est vrai, que les sujets ottomans qui se feraient par la suite sujets russes seraient soumis aux dispositions d'un règlement que la Sublime Porte conclurait, à cet effet, avec les Puissances européennes. Cette disposition ne saurait être interprétée dans le sens qu'on lui attribue aujourd'hui, interprétation qui aurait pour effet de restreindre les droits souverains de S. M. I. le Sultan et de l'empêcher de régler les conditions de la nationalité de ses propres sujets.

Kiamil-Bey et le Général Bogouslawski, qui ont signé l'arrangement en question, ne pouvaient avoir et n'ont jamais eu un pareil mandat. En parlant d'arrangement à intervenir entre la Turquie et les Puissances européennes, la Sublime Porte ou plutôt son délégué ne pouvait avoir en vue que des arrangements ayant pour but la révision des capitulations et la réglementation de la situation des étrangers en Turquie, ce qu'elle poursuivait alors comme elle le poursuit encore aujourd'hui.

Une telle disposition serait d'ailleurs en opposition avec le second alinéa de l'article 8 du Traité de paix de 1856, qui interdit aux Puissances signataires de s'immiscer soit collectivement, soit séparément, dans les rapports de S. M. I. le Sultan avec ses sujets et dans l'administration intérieure de son Empire, et ne pourrait avoir la valeur qu'on lui attribue qu'autant qu'elle aurait été stipulée dans un acte ayant le caractère d'un Traité ou d'une Convention internationale solennellement ratifiée par les deux Gouvernements.

## L'Ambassadeur de France à Saint-Pétersbourg
### au Ministre des Affaires étrangères.

(EXTRAIT.)

Saint-Pétersbourg, le 8 mai 1869.

Monsieur le Marquis, la circulaire adressée aux Gouverneurs généraux des vilayets a fait ici une bonne impression, et la déclaration si nette que la loi en question ne saurait avoir d'effet rétroactif a été accueillie avec satisfaction. Le Chancelier a reconnu volontiers, dans ses conversations avec le Chargé d'affaires de Turquie, que la Sublime Porte répondait à de justes inquiétudes en affirmant qu'elle ne se départirait pas des voies légales universellement reconnues par toutes les Puissances civilisées. Dans cet état de choses, le Cabinet de Saint-Pétersbourg ne croit plus avoir les mêmes motifs d'insister sur cette affaire, et il se montre disposé à ne pas prolonger la discussion à laquelle elle donne lieu.

Veuillez agréer, etc.

Signé TALLEYRAND.

---

## L'Ambassadeur de France à Constantinople
### au Ministre des Affaires étrangères.

(EXTRAIT.)

Péra, le 10 mai 1869.

Monsieur le Marquis, la question des naturalisations continue à être à l'ordre du jour. Aali-Pacha et M. Rangabé s'entendent jusqu'à présent. Les Gouverneurs de provinces ont été invités à dresser des listes des sujets Ottomans qui auraient obtenu la nationalité grecque à la suite d'un séjour effectif en Grèce. Des autres, il ne serait pas question, et cette première mesure, prise par la Porte, n'impliquerait pas l'obligation pour elle de tenir pour Hellènes ceux de ses sujets qui auraient été réellement naturalisés en Grèce. La pensée d'Aali-Pacha serait de faire reconnaître seulement quelques-unes de ces naturalisations par firman et de consacrer ainsi la règle par les exceptions mêmes.

Veuillez agréer, etc.

Signé BOURÉE.

___

LE MINISTRE DES AFFAIRES ÉTRANGÈRES
à l'Ambassadeur de France à Constantinople.

Paris, le 27 mai 1869.

Monsieur, j'avais soumis à l'examen du Comité du contentieux du Département des Affaires étrangères le texte de la loi que le Gouvernement Turc a publiée, le 19 janvier 1869, en matière de naturalisation. Le résultat de cette étude vient d'être consigné dans le rapport dont vous trouverez une copie ci-annexée. Le Comité était consulté sur les questions de savoir si la nouvelle loi est contraire, dans tout ou partie de ses dispositions, au droit international en général, et particulièrement si elle porte atteinte aux droits et priviléges reconnus par nos capitulations avec la Turquie. Après avoir pris connaissance des documents qui se rattachent à cette affaire et en avoir fait l'objet d'un examen approfondi, le Comité a conclu que la loi du 19 janvier est en harmonie avec les règles consacrées par la législation des nations civilisées, et qu'aucune des dispositions de cet acte n'est contraire, ni aux principes généraux du droit international, ni aux garanties spéciales qui résultent pour les Puissances des capitulations qu'elles ont obtenues de la Porte. Le Gouvernement de l'Empereur ne peut que s'approprier l'opinion ainsi exprimée par des jurisconsultes éminents dans les lumières desquels il a une pleine confiance, et nous n'avons dès lors aucune objection à élever contre la nouvelle législation ottomane en matière de naturalisation.

Agréez, etc.

Signé LA VALETTE.

---

LE COMITÉ,

Consulté sur les questions de savoir si la loi ottomane sur la nationalité, publiée le 19 janvier 1869, est contraire dans tout ou partie de ses dispositions au droit international en général, et particulièrement si elle porte atteinte aux droits et priviléges reconnus par nos capitulations avec la Porte :

Vu la loi ottomane du 19 janvier 1869 ;

La circulaire du 26 mars suivant ;

Le traité du 28 mai 1740 ;

Considérant, sur la première question, que, pour apprécier le caractère et les effets généraux de la loi du 19 janvier 1869, il est nécessaire de bien déterminer le sens de chacune des dispositions qu'elle renferme ;

Que l'article 1er déclare sujet ottoman tout individu né d'un père ottoman ;

Que l'article 2 permet à tout individu né sur le territoire ottoman de revendiquer la qualité de sujet ottoman dans les trois années qui suivent sa majorité ;

Que les articles 3 et 4 déterminent les cas, les formes et les délais dans lesquels le Gouvernement Impérial accorde la nationalité ottomane aux étrangers qui la demandent ;

Que l'article 7 autorise la femme ottomane qui, en épousant un étranger, a perdu sa nationalité d'origine, à la recouvrer, si elle devient veuve, en faisant la déclaration de son intention dans un délai déterminé ;

Que l'article 8 est fondé sur la doctrine que le changement de nationalité du père est sans influence sur la nationalité de ses enfants même mineurs ;

Que ces dispositions sont conformes à celles qui, depuis longtemps, ont trouvé place dans la législation de presque toutes les nations civilisées, notamment dans le Code Napoléon (articles 10, 9, 19) et dans les lois françaises des 22 mars et 2 décembre 1849, 7 février 1851 et 29 juin 1867 ;

Considérant que les articles 5 et 6 subordonnent la validité de la naturalisation des sujets ottomans en pays étranger à l'autorisation de leur Gouvernement, auquel ils réservent d'ailleurs la faculté de prononcer la perte de la qualité de sujet ottoman contre celui qui, sans autorisation, s'est fait naturaliser étranger ou a accepté des fonctions militaires près d'un Gouvernement étranger;

Que, si l'on peut reprocher à cette disposition de porter atteinte à la liberté individuelle, il est certain que les jurisconsultes et les publicistes, en posant le principe que chacun est libre d'adopter une nationalité autre que celle que lui a conférée sa naissance, admettent que des exceptions peuvent, en raison des circonstances, être apportées à cette règle;

Que notre ancienne législation offre des exemples de semblables restrictions; que le décret du 26 août 1811 contient la déclaration formelle qu'aucun Français ne peut être naturalisé en pays étranger sans autorisation et prononce des pénalités sévères contre les infractions; qu'enfin on trouve dans la législation de plusieurs autres pays des dispositions analogues;

Que la sanction donnée par la loi ottomane à la règle qu'elle établit consiste uniquement dans l'interdiction de rentrer dans le territoire ottoman; que ce n'est là que la conséquence du droit d'expulsion qui appartient à presque tous les Gouvernements;

Qu'au surplus, les articles 5 et 6 de la loi du 19 janvier 1869 s'appliquent seulement aux sujets ottomans; qu'ils se bornent à régler leurs rapports avec le Gouvernement à la souveraineté duquel ils sont soumis; qu'ainsi ils ne portent et ne sauraient porter atteinte aux principes du droit international;

Considérant qu'aux termes de l'article 9, tout individu habitant le territoire Ottoman est réputé sujet Ottoman jusqu'à ce que sa qualité d'étranger ait été régulièrement constatée; que, si cette présomption légale peut, dans quelques circonstances, placer des étrangers dans une position difficile, en leur imposant l'obligation de prouver leur extranéité, on ne peut raisonnablement admettre la présomption contraire; que, d'ailleurs, l'article ne suppose point que le fait de la résidence, même lorsqu'il est joint au fait de la naissance sur le territoire Ottoman, constitue la preuve absolue de la nationalité Ottomane, puisqu'il résulte de la disposition de l'article 2 que l'enfant né sur le territoire Ottoman de parents étrangers est étranger comme eux; que la présomption établie par l'article 9 entendu en ce sens est donc conforme aux principes généralement admis;

Que, de ce qui précède, il faut conclure que la nouvelle législation Ottomane sur la nationalité est, dans son ensemble et dans toutes ses parties, en harmonie avec les règles et les dispositions consacrées par la législation des nations civilisées; que, par conséquent, il est impossible d'y voir une atteinte quelconque aux principes du droit international;

Considérant, sur la seconde question, que les capitulations et les usages qui en sont le complément, en réglant les rapports entre la Porte Ottomane, la France et plusieurs Nations européennes, ont eu pour but d'assurer aux étrangers résidant sur le territoire Ottoman ou qui s'y trouvent temporairement une protection efficace contre la perception de certains impôts et contre des mesures qui pourraient porter atteinte à leur liberté personnelle ou à leurs intérêts pécuniaires; que notamment ils imposent des restrictions et des limites à la juridiction et à l'autorité des officiers publics et des tribunaux sur des faits accomplis dans l'étendue du territoire Ottoman, soit en matière civile, soit en matière criminelle;

Que, pour qu'il résultât de la loi nouvelle une atteinte aux droits et priviléges conférés par les capitulations et les usages, il faudrait ou que cette loi, en reconnaissant la qualité d'étranger à certains individus, leur enlevât, en tout ou en partie, les priviléges qui leur sont actuellement attribués, ou bien que, par une disposition rétroactive, elle retirât la qualité d'étrangers à ceux qui l'auraient régulièrement obtenue en vertu de la législation antérieure;

Qu'on devrait également considérer comme une atteinte indirecte aux capitulations toute disposition qui aurait pour effet d'imposer à certaines catégories d'étrangers la nationalité Ottomane contrairement à leur volonté;

Considérant qu'aucune disposition de ce genre ne se trouve dans la loi du 19 janvier 1869;

Que d'abord elle ne modifie sur aucun point les droits et les priviléges que les capitulations confèrent aux étrangers;

Qu'en second lieu, aucune expression employée dans la rédaction ne peut avoir pour effet de donner à ses dispositions un effet rétroactif; que, d'ailleurs, le Gouvernement Ottoman a solennellement déclaré dans plusieurs actes, notamment dans la circulaire du 26 mars 1869, explicative de la loi du 19 janvier, que cette loi ne devait s'appliquer qu'à l'avenir et ne pourrait modifier en aucune manière les qualités et les droits antérieurement acquis;

Qu'enfin la nationalité Ottomane n'est imposée par la loi nouvelle à aucun étranger contrairement à sa volonté; que les articles 2, 3, 4 et 7 ne la font résulter que de déclarations expresses faites spontanément par les parties intéressées; que l'article 8 n'admet même pas que la volonté du père puisse imposer à ses enfants la nationalité qu'il a lui-même obtenue;

Qu'ainsi les capitulations et les usages conserveront, après la publication de la loi du 19 janvier 1869, toute l'autorité qu'ils avaient précédemment;

Est d'avis :

Que la loi du 19 janvier 1869 n'a rien de contraire au droit international en général, et qu'elle ne porte aucune atteinte aux droits et priviléges reconnus par les capitulations et consacrés par les usages.

## LE MINISTRE DES AFFAIRES ÉTRANGÈRES
### à l'Ambassadeur de France à Constantinople.

Paris, le 27 mai 1869.

Monsieur, vos dernières dépêches présentent sous un jour favorable les rapports qui se sont établis entre le Gouvernement Ottoman et le nouveau Ministre de Grèce à Constantinople. Nous nous en sommes félicités dans l'espoir que la question de nationalité soulevée par la rupture des relations pourrait être traitée directement entre les deux Cabinets sans l'interposition des grandes Cours. Nous verrions avec satisfaction qu'il en fût ainsi. Rien ne peut en effet contribuer davantage à l'affermissement de la paix en Orient que la bonne intelligence des deux Gouvernements réglant eux-mêmes les intérêts spéciaux qui les divisent, et nous serions les premiers à nous réjouir s'ils parvenaient à se passer du concours des autres Puissances pour aplanir leur différend actuel. Nous nous plaisons à croire que, dans cette affaire, nous pourrons nous borner à de simples bons offices ou même à des conseils amicaux et bienveillants donnés aux deux parties.

Les Agents grecs à Londres et à Paris ont été chargés de sonder à cet égard nos dispositions, et les sentiments qu'ils m'ont manifestés témoignent d'un progrès certain dans les voies de la modération. Le Cabinet d'Athènes demande que les effets de la nouvelle loi turque sur la nationalité soient subordonnés à la décision des autres Puissances; mais il s'en rapporte implicitement à la résolution qu'elles auront prise. Nous applaudissons d'autant plus volontiers à la détermination du Cabinet d'Athènes sur ces deux points que nous n'aurions pas pu le suivre sur un autre terrain. Nous avons tout d'abord repoussé l'idée suggérée par M. Rangabé de prendre pour point de départ les protocoles de Londres de 1830 dont la mise en cause tendait à provoquer l'intervention officielle des Puissances garantes; nous n'avions pas moins de répugnance à participer à une intervention officielle à propos de la loi ottomane sur la nationalité, qui nous paraissait dès lors et qui depuis a été déclarée par notre Comité du contentieux parfaitement conforme aux principes généraux du droit ainsi qu'aux privilèges résultant pour nous des capitulations.

Cette question, aussi bien que celle des protocoles, se trouve donc aujourd'hui en dehors du débat, et les points sur lesquels le Cabinet grec insiste sont au nombre de trois. Il demande le règlement de la question de nationalité d'après ce qui se pratique en Turquie à l'égard des autres Gouvernements, ou au moins la vérification de la nationalité d'après les principes consignés dans l'arrangement de 1863 entre la Russie et la Porte. Il réclame la jouissance provisoire des droits de la nationalité hellénique pour tous ceux qui l'ont obtenue, jusqu'à l'examen de leurs titres, ainsi que la révocation de toutes les mesures prises et de tous les changements de nationalité qui ont eu lieu pendant la rupture des relations.

J'ai déjà eu l'occasion de vous faire connaître ma pensée en termes généraux dès le lendemain de la clôture de la conférence. J'ai dit que nous établissions une distinction entre les Hellènes véritablement nationalisés Grecs qui avaient accepté la nationalité ottomane pour échapper aux mesures d'expulsion et ceux qui n'avaient fait dans ces mêmes circonstances que renoncer à des titres sans valeur pour redevenir ce qu'en droit ils n'avaient pas cessé d'être, c'est-à-dire des sujets Ottomans. Dans le premier cas, nous reconnaissions la légitimité des vœux de la Grèce et nous étions prêts à l'aider de notre influence; mais nous ne pouvions lui prêter le même appui dans le second cas, et je ne vois aucun motif de modifier le langage que j'ai tenu alors.

Agréez, etc.

Signé La Valette.

## LE MINISTRE DE FRANCE à Athènes
### au Ministre des Affaires étrangères.

(*EXTRAIT.*)

Athènes, le 10 juin 1869.

Monsieur le Marquis, j'ai reçu les dépêches que Votre Excellence m'a fait l'honneur de m'adresser, relativement à la question de la nationalité en Turquie, et j'ai lu avec beaucoup d'intérêt l'avis du Comité du contentieux sur la loi ottomane du 19 janvier 1869. J'ai donné connaissance de ses conclusions à M. Th. Delyanni; il n'y a fait aucune objection; mais il a constaté que nos jurisconsultes avaient soigneusement pris acte des déclarations du Gouvernement Ottoman portant que cette loi ne devait s'appliquer qu'à l'avenir et ne pouvait modifier, en aucune manière, les qualités et les droits antérieurement acquis. Dans l'état actuel des choses, il semble que la question peut être limitée à une loyale vérification des titres de nationalité antérieurs à la loi du 19 janvier 1869, et la Porte se montre prête à y procéder, d'accord avec les autorités helléniques.

Veuillez agréer, etc.

Signé BAUDE.

# LES CAPITULATIONS EN ÉGYPTE.

# LES CAPITULATIONS EN ÉGYPTE.

RAPPORT PRÉSENTÉ PAR NUBAR-PACHA À SON ALTESSE LE KHÉDIVE,
SUR LA RÉFORME JUDICIAIRE EN ÉGYPTE.

(Communiqué, en août 1867, à M. le Marquis DE MOUSTIER, Ministre des affaires étrangères.)

La juridiction qui régit les Européens en Égypte, qui détermine leurs relations avec le Gouvernement, ainsi qu'avec les habitants du pays, n'a plus pour base les capitulations. De ces capitulations il n'existe plus que le nom; elles ont été remplacées par une législation coutumière, arbitraire, résultat du caractère de chaque chef d'Agence, législation basée sur des antécédents plus ou moins abusifs, que la force des choses, la pression d'un côté, le désir de faciliter l'établissement des étrangers de l'autre, ont introduite en Égypte, et qui laisse actuellement le Gouvernement sans force et la population sans justice régulière dans ses rapports avec les Européens.

Cet état de choses ne profite à personne, pas plus aux intérêts généraux des Puissances qu'à la population honnête du pays, indigène ou étrangère; il s'exerce au détriment de l'Égypte, au détriment du Gouvernement, à l'avantage de ceux qui se sont fait un métier de l'exploiter.

Le besoin d'une réforme se fait vivement sentir; la colonie européenne augmentant, les Agences étrangères elles-mêmes en comprennent la nécessité; elles la réclament. Le Gouvernement et les Consulats sont d'accord sur le principe de cette nécessité; le désaccord ne commence que lorsqu'on arrive aux moyens de mettre le principe en pratique : on ne veut tenir aucun compte des capitulations; les abus introduits sont présentés comme des lois et des principes dont on ne saurait s'écarter; en un mot, on demande le but, qui est la justice; mais comme on repousse les moyens, il en résulte que l'Égypte présente un État où l'indigène, soit demandeur, soit défendeur, ne pouvant

trouver justice, est en définitive dépouillé, heureux encore s'il n'abandonne
que sa maison à son locataire! Le Gouvernement se voit assailli de procès
que les Consuls eux-mêmes ne peuvent s'empêcher souvent de qualifier de
scandaleux. La population se défie de l'Européen; le Gouvernement, qui voit
pourtant le progrès dans ce même Européen, est obligé, par peur d'en être la
victime, de le tenir éloigné. Les exemples ne manquent pas; il serait long
de les énumérer; il suffit seulement de savoir que le Gouvernement, dans
l'espace de quatre ans, a payé pour 72 millions d'indemnités. Mais il faut
aussi ajouter que, payées sous la pression consulaire, ces indemnités sont
qualifiées et représentées par ceux-là mêmes qui ont exercé la pression
comme des actes d'une générosité sans exemple de la part de Son Altesse.
Si le mal encore se limitait là! Mais le Gouvernement, qui sent que le progrès
ne peut lui venir que de l'Europe, qui aspire à l'introduction de cet élément
civilisateur, qui veut lui confier ses grands travaux, base de son agriculture et
de son commerce, qui veut appeler des capitaux en leur présentant un emploi
rémunérateur, le Gouvernement, dis-je, est réduit à l'impuissance, et il se
voit obligé d'abandonner le pays à lui-même. De tous les travaux confiés aux
Européens, le bassin de radoub de Suez, seul, est terminé; tous les autres
sont ou inachevés, ou non encore commencés, et, tels qu'ils sont, ont donné
et donnent encore lieu à des indemnités.

La manière dont la justice s'exerce tend à démoraliser le pays; tous les
efforts de Son Altesse seront brisés contre l'envahissement de cette démorali-
sation, et l'Arabe, forcé de voir l'Europe à travers l'Européen qui l'exploite,
répugne au progrès de l'Occident et accuse le Vice-Roi et son Gouvernement
de faiblesse et d'erreur. Depuis plus de quarante ans, l'Européen jouit du
droit de propriété en Égypte; il possède ses propriétés soi-disant sous la
juridiction et la législation du pays; les Consuls, en théorie, sont d'accord
sur ce principe; mais, dans la pratique, sous prétexte des capitulations qui
couvrent, disent-ils, l'Européen, celui-ci, propriétaire de maisons, en exerçant
un métier, n'acquitte point de taxes, et si, possesseur d'une ferme, il ne paye
point les impôts, le Consul intervient alors, et son intervention aboutit presque
toujours à un non-payement.

Cet état de choses, contraire à l'esprit, contraire à la lettre même des
capitulations, non-seulement empêche le pays de développer ses ressources,
de fournir à l'industrie et à la richesse européenne tout ce qu'il est apte
à fournir, mais encore il met obstacle à son organisation et le ruine aussi bien
moralement que matériellement.

Votre Altesse a pensé que le seul remède à porter à cet état de choses,
c'était l'organisation d'un bon système de justice qui présentât à l'Europe
toutes les garanties qu'elle est en droit de demander.

Votre Altesse a pensé que l'élément étranger doit entrer dans l'organisation de nos tribunaux. En effet, cet élément, peu nombreux au Caire, balance à Alexandrie l'élément indigène; nombre d'Européens sont fixés dans les provinces; tous sont négociants ou industriels; leurs relations avec la population sont conséquemment de tous les jours, de toutes les heures, pour ainsi dire. On doit donc tenir compte de cet élément dans l'organisation des tribunaux et, dans le principe, lui donner des garanties même superflues, afin de lui inspirer de la confiance et dans les hommes et dans le Gouvernement.

Le principe est la séparation complète de la justice d'avec l'administration. La justice doit émaner du Gouvernement, mais non en dépendre; elle ne doit pas plus dépendre du Gouvernement que des Consulats. Pour pouvoir atteindre le but que se propose Votre Altesse, il faut que les Puissances soient persuadées de ce fait : « La justice émane du Gouvernement, elle ne dépend pas de lui. » Le moyen d'inspirer cette conviction, c'est de posséder un corps de magistrature. Il ne suffit pas, en effet, de l'équité naturelle inhérente à une nature honnête pour constituer un bon magistrat; la connaissance de la loi lui est indispensable; c'est une étude à faire, c'est toute une éducation. Nos magistrats actuels ont une connaissance parfaite de la loi civile et religieuse, qui suffisait lorsqu'ils n'avaient qu'à rendre une justice uniforme à une population uniforme dans ses mœurs et dans ses besoins.

Mais à de nouvelles nécessités il faut de nouvelles lois, et les Européens, en s'établissant dans le pays, ont amené avec eux des usages nouveaux, des relations nouvelles. Un système mixte a commencé à s'introduire dans nos lois et dans nos codes. Il faut conséquemment des hommes nouveaux pour appliquer ce nouveau système. Il faut que l'Égypte, pour l'administration de la justice, fasse ce qu'elle a déjà fait d'une manière si efficace pour son armée, ses chemins de fer, ses ingénieurs des ponts et chaussées, ses services de santé et d'hygiène. L'élément compétent, l'élément étranger, a été introduit; cet élément a servi à former l'élément indigène. Ce qui a été fait dans l'ordre matériel doit être fait dans l'ordre moral, c'est-à-dire l'organisation de la justice.

La nécessité de ce système mixte s'est fait si vivement sentir que, depuis nombre d'années, les Ambassades en ont demandé l'introduction à Constantinople. Constantinople a institué un tribunal mixte de commerce où tous les procès commerciaux entre indigènes et Européens, soit demandeurs, soit défendeurs, sont également jugés.

Il s'agit d'étendre ce système et de l'appliquer au civil et au criminel. Le tribunal de commerce siégeant à Alexandrie et au Caire n'est pas, à proprement parler, un tribunal; il diffère de celui de Constantinople : c'est plutôt un jury; mais, pour les questions commerciales, la base de l'institution, telle qu'elle est, est bonne et mérite d'être conservée; il faut seulement l'améliorer. Ce jury ou tribunal, institué d'abord pour connaître des litiges commerciaux survenant entre étrangers et indigènes, indifféremment demandeurs ou défendeurs, se trouve être actuellement abandonné. Les Consuls réclament la connaissance des causes dans lesquelles leurs nationaux comparaissent comme défendeurs, et le tribunal se voit récusé souvent par eux-mêmes dans le cas où le défendeur est indigène. Ils se basent, pour le récuser, sur le manque de compétence des membres qui le composent. Je ne veux pas discuter, Monseigneur, l'accusation portée contre ce tribunal; je ne la crois pas fondée. Il me suffit seulement du mot que Votre Altesse a prononcé : « Donnons des garanties même superflues. »

J'ai l'honneur de proposer à Votre Altesse la conservation des deux tribunaux mixtes de commerce établis au Caire et à Alexandrie; seulement, au lieu de les composer de trois membres choisis par les Consuls parmi les négociants de la colonie européenne et de trois membres indigènes, que le Gouvernement appelle à siéger à tour de rôle, je proposerais à Monseigneur de le composer de quatre membres seulement, deux que les consuls choisiraient parmi les négociants présentant le plus de garanties et pris parmi les plus notables, deux autres que le Gouvernement choisirait parmi les indigènes que leurs relations rapprochent le plus des Européens. De même que cela se pratique actuellement, ces membres siégeraient à tour de rôle. Je proposerais à Votre Altesse de laisser la présidence à un Égyptien, mais de déférer la vice-présidence à un magistrat choisi en Europe, et, pour avoir des garanties au sujet de son caractère, il serait bon de s'adresser au Ministère de la justice. Ce magistrat serait permanent.

Au-dessus de ces deux tribunaux, il serait nécessaire d'avoir un tribunal d'appel siégeant à Alexandrie. Celui-ci serait composé de trois membres égyptiens que Votre Altesse pourrait choisir parmi nos jeunes gens qui ont fait leurs études de droit en France et de trois autres membres, magistrats compétents, que Votre Altesse ferait venir d'Europe, en s'adressant pour le choix à leurs Gouvernements. Ce tribunal fonctionnerait sous la présidence d'un Égyptien.

A côté des deux tribunaux de commerce, il faudrait deux tribunaux jugeant au civil. On pourrait les composer de deux membres compétents engagés au dehors et de deux membres égyptiens, toujours sous la présidence d'un sujet égyptien.

Le tribunal d'appel siégeant à Alexandrie aurait aussi dans ses attributions la révision des jugements rendus par les tribunaux civils.

Quant aux contestations provenant de questions terriennes et de propriété, les Européens ont toujours été soumis à nos tribunaux. Ces tribunaux fonctionnent bien; les membres qui les composent connaissent la matière à fond; l'élément étranger ne serait plus compétent dans l'espèce. Je propose donc à Votre Altesse de les laisser tels qu'ils sont.

La question de l'inamovibilité des magistrats a attiré l'attention de Votre Altesse. Votre Altesse, après mûre considération, a pensé, et cela avec raison, que l'inamovibilité peut présenter de graves inconvénients pour un état de choses qui commence. Elle croit qu'un engagement de cinq années pour les magistrats est suffisant et donnera aux justiciables toutes les garanties, ainsi qu'au Gouvernement de Votre Altesse et aux puissances le temps de juger du mérite de l'institution.

Quant aux questions criminelles, elles ne sont pas aussi simples que les questions civiles et commerciales. Elles peuvent être pourtant résolues si on se rapporte à l'esprit aussi bien qu'à la lettre des capitulations, et même à ce qui se pratiquait sous Mehemet-Ali.

En effet, comment les affaires se passaient-elles du temps du grand Vice-Roi? Quand un crime ou un délit était commis par un étranger, c'était le gouverneur de la citadelle du Caire qui en connaissait, qui faisait l'enquête, rendait le jugement et envoyait le jugement et le délinquant à son Consul, afin que la sentence fût exécutée. Le nombre des Européens étant à cette époque très-limité, les crimes et les délits très-rares, la surveillance des Consuls sur leurs nationaux était plus facile et plus efficace. Je ne me rappelle pas qu'il se soit présenté des cas d'impunité, ou tout au moins, s'il a pu y avoir quelque tolérance, qu'elle ait donné lieu à des réclamations ou produit des inconvénients sérieux. Ces sortes d'affaires se passaient pour ainsi dire en famille, tout le monde étant intéressé au maintien du bon ordre et ayant la volonté et le pouvoir de le maintenir. Je dois faire remarquer pourtant à Votre Altesse que cette manière de procéder n'est pas complètement conforme aux capitulations, qui ne soustraient en aucune façon les étrangers à la juridiction du pays et se bornent à lui accorder, en matière criminelle, le privilége d'être jugés, assistés de leurs drogmans ou interprètes, par le tribunal suprême, la peine devant toujours être appliquée.

Depuis Mehemet-Ali, le nombre des Européens croissant, et, par suite, le nombre des délits augmentant en proportion, le Gouvernement, en présence de la non-application, par les Consuls, des sentences qu'il portait, et pour obvier autant que possible aux inconvénients qui se faisaient déjà sentir, crut pouvoir arriver à son but, l'application de la peine, en s'adjoignant dans l'enquête et dans le jugement, soit le Consul, soit l'interprète. Mais ce mode de procéder, qui présenta à l'origine des résultats satisfaisants (les choses se passant, comme je l'ai dit, en famille), dégénéra à son tour. Vers 1848, les Consuls, sous la pression de leurs nationaux devenus arbitres à la place de la loi, se trouvèrent impuissants, érigèrent leur impuissance en principe et furent amenés peu à peu par la force des choses à prétendre faire l'enquête eux-mêmes en dehors du Gouvernement, ou tout au plus en s'adjoignant un fonctionnaire de la police indigène, sous prétexte que la peine devant être appliquée et exécutée dans leur propre pays, l'enquête ne pourrait être valable que faite conformément à leurs propres lois.

Tel est actuellement l'état des choses, non-seulement pour les crimes, mais pour les délits et les simples contraventions. La justice se trouve ainsi complétement abandonnée, non aux institutions, mais à l'arbitraire des individus. La position du Gouvernement n'est plus tenable, lorsqu'on pense que sa police est impuissante à réprimer les plus légères infractions, jusqu'à ne pouvoir faire exécuter les réglements de voirie ou ceux qui concernent le stationnement des voitures publiques. Car si tel Consul est disposé, sur la demande de la police, à rappeler à l'ordre un cocher qui se refuse à stationner, tel autre traite l'affaire d'indifférente, quelquefois par cela seul que son collègue le trouve raisonnable.

Donc, Monseigneur, le but que le Gouvernement de Votre Altesse poursuit actuellement n'est pas de porter atteinte aux capitulations, mais bien au contraire de rentrer dans leur lettre et dans leur esprit, en demandant aux Gouvernements l'abandon des abus et de l'arbitraire personnel. Quel est, en effet, l'esprit des capitulations? La protection de l'étranger, mais non son impunité. Quelle est leur lettre? Son jugement par les tribunaux du pays, avec la garantie du tribunal suprême et l'assistance de son drogman.

On fait à Votre Altesse la même objection que pour les tribunaux civils, objection fondée sur l'absence des lois et de magistrats présentant des garanties suffisantes. Mais Votre Altesse, dans son désir de régulariser ses relations avec les Puissances, mettant de côté ce qu'elle pourrait réclamer comme un droit naturel et résultant des capitulations mêmes, le droit imprescriptible de tout Gouvernement d'appliquer les lois de police et de sûreté à tous ceux qui habitent son territoire, a bien voulu appliquer au criminel l'idée qu'elle a eue au civil, c'est-à-dire instituer des tribunaux mixtes correctionnels.

Les capitulations protégent d'une manière inviolable le domicile et la personne de l'étranger. Il n'est pas question de porter atteinte à ce principe. Votre Altesse veut même le fortifier; elle veut entourer l'Européen accusé de crime de plus de garanties que ne lui en accordent les capitulations; au lieu d'un drogman, témoin muet, elle lui donne des juges pris en Europe et un jury mi-partie d'indigènes et d'Européens; si on demande plus de garanties, Votre Altesse les accordera. Le but de Votre Altesse est la protection du citoyen honnête, que l'impunité dont jouissent les coupables met de plus en plus en danger. Les cas d'infraction moins graves, ceux que la loi française nomme délits ou contraventions, seront soumis aux mêmes tribunaux mixtes. Dans tous les cas, l'appel se fera au tribunal supérieur établi à Alexandrie. Cette faculté d'appel présente toutes les garanties désirables. Les peines seraient appliquées en Égypte; seulement, en cas de prison, l'emprisonnement se ferait dans les consulats respectifs, si le Consul l'exigeait.

Avec l'organisation des tribunaux, il y aurait lieu de se préoccuper de la législation qu'ils doivent suivre et appliquer. La législation commerciale suivie actuellement en Égypte est celle de Constantinople, acceptée par les Puissances ; c'est le Code de commerce français. Pour la partie civile, Votre Altesse a l'intention d'appeler une Commission de jurisconsultes étrangers, qui, réunis à nos légistes, concilieraient les dispositions du Code Napoléon avec celles de notre propre législation. Cette conciliation est déjà à moitié faite ; le travail ne sera donc ni long ni difficile. Cette Commission serait chargée également de mettre nos lois pénales en harmonie avec celles du Code pénal français.

En résumé, ce que Votre Altesse demande soit au civil, soit au criminel, c'est le retour aux capitulations, et non-seulement un retour pur et simple, mais au contraire un retour qui accorderait aux étrangers des garanties bien supérieures à celles que leur présentaient ces capitulations. En effet, d'après celles-ci, c'est un tribunal indigène qui juge en présence du drogman, simple témoin, sans voix délibérative.

D'après la réforme projetée, Votre Altesse, à la place de ce témoin muet, donne aux étrangers la garantie d'un tribunal dans la composition duquel entre un élément européen et d'un Code revisé conformément aux lois européennes pénales et civiles.

L'organisation proposée par Votre Altesse, calquée sur l'organisation judiciaire de l'Algérie, offre, il me semble, par là même, toutes les garanties désirables.

Il paraît impossible à Votre Altesse que les Puissances se refusent à les admettre. Jusqu'ici elles ont cru au contraire saisir chaque occasion de venir à l'appui du développement matériel et moral en Égypte. Aujourd'hui, mises en présence de l'état réel du pays, en se refusant à l'établissement de la plus précieuse des garanties sociales, elles mettraient à néant non-seulement le progrès, mais l'existence même de l'Égypte.

Signé NUBAR.

# RAPPORT

PRÉSENTÉ À SON EXCELLENCE M. LE MINISTRE DES AFFAIRES ÉTRANGÈRES

PAR

LA COMMISSION INSTITUÉE A L'EFFET D'EXAMINER LES PROPOSITIONS FAITES

PAR LE GOUVERNEMENT ÉGYPTIEN,

## POUR RÉFORMER L'ADMINISTRATION DE LA JUSTICE

## EN ÉGYPTE

MONSIEUR LE MINISTRE,

La Commission instituée au Ministère des Affaires étrangères pour recher-cher les améliorations que peut réclamer l'état actuel des institutions judiciaires en Égypte a l'honneur de soumettre à Votre Excellence le résultat de ses tra-vaux.

Du 8 novembre au 3 décembre la Commission a siégé quinze fois.

Elle a étudié les nombreux documents qui avaient été mis à sa disposition et parmi lesquels figurent entre autres :

1° Un rapport de Nubar Pacha à S. A. le Vice-Roi d'Égypte sur la réforme judiciaire;

2° Deux dépêches de l'Ambassade de France à Constantinople en date des 18 mars et 15 octobre 1867 sur les propositions de réforme du Gouverne-ment égyptien;

3° Un rapport du Consulat général de France en Égypte, en date du 7 oc-tobre, sur le même sujet;

4° Trois rapports du Consulat de France au Caire en date des 10 sep-tembre, 7 octobre, 7 novembre 1867;

5° Une lettre de M. Ferdinand de Lesseps à Son Exc. le Ministre des Affaires étrangères datée du 6 novembre 1867;

6° Une lettre de l'agent et Consul général d'Italie, du 6 novembre 1867;

7° Une lettre de lord Stanley au colonel Stanton, agent et Consul général d'Angleterre en Égypte;

8° Deux lettres adressées le 28 novembre 1867 par Son Exc. Nubar Pacha à la Commission;

9° Enfin, plusieurs documents présentés par des résidents français en Égypte, notamment par MM. Dervieu, Jullien et Mannoury.

La Commission a tenu en outre à consulter les hommes qui, en raison de leur long séjour en Orient, des fonctions qu'ils y ont remplies ou des grands intérêts qu'ils y dirigent, pouvaient contribuer à éclairer ses délibérations. C'est ainsi qu'elle a successivement entendu : M. Ferdinand de Lesseps; M. Tastu, Ministre plénipotentiaire, ancien Consul général de France à Alexandrie; M. le baron d'Avril, agent et Consul général de France à Bucharest; M. le Baron Saillard, Secrétaire d'ambassade de première classe; M. de Saint-Foix, ancien Consul de France au Caire ; M. Mannoury, Avocat à Alexandrie; M. Monchicourt, Assesseur au tribunal consulaire de France dans la même ville; M. Scheffer, Secrétaire interprète de l'Empereur; M. Girette, Administrateur des Messageries impériales.

Son Exc. Nubar Pacha, Ministre du Vice-Roi, a été invité en outre, par la Commission, à lui donner de vive voix toutes les explications qui pouvaient justifier les demandes du Gouvernement égyptien.

Après avoir pris connaissance de tous les documents contenus dans le dossier qui lui avait été soumis, consulté le texte des traités et des actes officiels et recueilli dans l'enquête qu'elle avait ouverte tous les renseignements qui pouvaient l'éclairer, la Commission a procédé avec le plus grand soin à l'examen des propositions égyptiennes. Elle l'a fait sous l'empire d'une vive et juste sollicitude pour les intérêts de nos nationaux et du commerce européen auxquels sont intimement liés les intérêts et l'avenir de l'Égypte, mais en même temps avec cet esprit de justice et de bienveillante équité qui a toujours présidé aux relations de la France avec le Levant et sans oublier, comme nous l'a rappelé Votre Excellence, « que notre rôle en Orient a toujours été d'encou-« rager toutes les mesures de progrès. »

Mais avant de faire connaître le résultat auquel elle est arrivée et de formuler son avis sur les propositions faites au nom du Vice-Roi par son Ministre, la Commission a pensé qu'il était nécessaire de présenter l'exposé de la situation actuelle des Français en Levant sous le rapport des juridictions.

Cet exposé, qui comporte certains développements, doit comprendre successivement :

1° Le système des juridictions en matière civile et commerciale, lorsqu'il s'agit :

De contestations entre Français ;

De contestations entre Français et Européens appartenant à une autre nationalité ;

De contestations entre Français et indigènes ;

2° Les juridictions en matière criminelle ;

3° Les exécutions;

4° La législation.

## § 1ᵉʳ. — JURIDICTION EN MATIÈRE CIVILE ET COMMERCIALE LORSQU'IL S'AGIT DE CONTESTATIONS ENTRE FRANÇAIS.

Lorsque des Français établis dans les Échelles ont entre eux une contestation, la règle à suivre est posée d'une manière formelle dans les capitulations et dans nos lois.

Les tribunaux consulaires français sont seuls compétents, à l'exclusion de tous tribunaux locaux et des autorités administratives ou judiciaires du pays.

Le principe en lui-même de la compétence consulaire en pareil cas n'est pas contraire au droit des gens et au respect dû à la souveraineté territoriale, en tant que son application est restreinte dans de certaines limites et que l'autorité des Consuls ne se manifeste pas par une juridiction coactive. Aussi le voyons-nous reconnu dans plusieurs traités [1].

Mais si le principe est consacré dans des limites restreintes par des conventions conclues entre les Nations chrétiennes, au contraire, dans les pays hors de la chrétienté, il est posé dans les termes les plus absolus.

L'article 3 des capitulations françaises de 1535 est ainsi conçu :

« . . . . . Non que les cadis ou autres officiers du Grand Seigneur puissent
« juger aucun différend desdits marchands et sujets du roi ( de France), encore
« que lesdits le requissent et si d'aventure lesdits cadis jugeassent que leur sen-
« tence soit de nul effet. »

Art. 12 du traité de 1569 : « Si lesdits Français ont débats ou différends
« l'un avec l'autre, leurs ambassadeurs et consuls, selon leur conscience, déci-
« deront lesdits différends sans que nul n'ait à les empêcher. »

Cet article est textuellement reproduit sous le n° 17 du traité de 1581.

Les articles 35 du traité de 1604 et 37 du traité de 1673 sont ainsi
conçus :

« S'il naît quelque contestation et quelque différend entre deux Français,
« que l'ambassadeur ou consul aient à le terminer, sans que nos juges et offi-
« ciers les en empêchent et en prennent aucune connaissance. »

Art. 26 du traité de 1740 : « . . . . . et s'il arrive quelque contestation entre

---

[1] Parmi ces traités on peut citer ceux du 11 janvier 1847, art. 7, entre la France et la Russie; de 1782, entre la Russie et le Danemark ; de novembre 1788, art. 12, entre la France et les États-Unis; de 1665 et 1667, entre l'Espagne et la Grande-Bretagne; de 1828, entre les États-Unis et la Prusse; de 1816, entre les États-Unis et la Suède; dans le même sens notre ordonnance du 4 janvier 1713.

« les Français, les ambassadeurs et les consuls en prendront connaissance et
« en décideront sans que personne puisse s'y opposer. »

Des stipulations pareilles se retrouvent dans les traités entre la Porte et les
autres Puissances[1].

Tous ces traités sont applicables à l'Égypte ; c'est là une observation que
nous ne reproduirons pas dans le cours de cet Exposé et qui se fonde sur ce
fait que la Porte stipulait pour les pays placés sous sa domination, et surtout
pour les provinces de l'Empire Ottoman.

Dans le Firman d'investiture envoyé par le Sultan à Mehemet-Ali, à la date
du 1er juin 1841, il est dit : « Je vous accorde par les présentes le gouverne-
« ment de l'Égypte..... aux conditions suivantes..... Tous les traités exis-
« tant ou à intervenir entre la Sublime Porte et les Puissances amies rece-
« vront également leur exécution sous tous les rapports dans la province
« d'Égypte.... »

Mehemet-Ali répondait le 25 juin 1841 au Grand Vizir : « ..... Les dis-
« positions de tous les traités conclus ou à conclure avec les Puissances amies
« seront complétement exécutées en Égypte.... »

Les Firmans postérieurs n'ont pas détruit cette situation en ce qui concerne
les capitulations, que le Gouvernement Égyptien accepte complétement, puisque dans sa Note il se prévaut lui-même de ces stipulations et se plaint de ce
qu'elles ne seraient point assez rigoureusement observées.

Les concessions que la Porte faisait ainsi aux étrangers au point de vue des
juridictions, elle les faisait même à ses propres sujets appartenant aux diverses
communautés chrétiennes ou à la nation juive; ce qui prouve combien la nécessité de pareilles dispositions était dans la force des choses et indiquée par
les situations elles-mêmes. On les retrouve dans les actes les plus solennels
et les plus récents, entre autres dans le Hatti-Cherif de 1856 et dans les projets d'organisation de juin 1867.

Les stipulations des traités entre la France et la Porte ont servi de base
à divers actes de la législation française, et notamment, en matière civile, aux
édits de 1720, du 4 février 1727, de mars 1781, et surtout dans celui de
juin 1778, qui détermine la procédure à suivre devant les tribunaux consulaires statuant sur les contestations entre Français dans le ressort des Consulats.
L'article 2 de cet édit fait très-expresses inhibitions et défenses à tout Français en pays étranger d'y traduire, pour quelque cause que ce puisse être,

---

[1] Traité avec l'Autriche, 27 juillet 1718, art. 5; Belgique, 3 août 1838, art. 8; Danemark ,
14 octobre 1756, art. 10; Deux-Siciles, 7 avril 1740. art. 5; Espagne, 14 septembre 1782 ,
art. 5; États-Unis, 7 mai 1830, art. 4; Grande-Bretagne, septembre 1675, art. 15. 24 et 54 ;
Pays Bas, juillet 1612, art. 28; Prusse, 22 mars 1761, art. 5; Russie, 10 juin 1763, art. 63 ;
Sardaigne, 25 octobre 1823, art. 8; Suède, 10 janvier 1737, art. 6; Toscane, 12 février 1833 ,
art. 6; Venise, 21 juillet 1718, art. 18.

un autre Français devant les juges ou autres officiers des puissances étrangères, à peine de 1,500 livres d'amende [1].

A l'étranger, des législations spéciales ont été également promulguées dans divers États pour mettre en pratique l'attribution de juridiction donnée aux Consuls sur leurs nationaux [2].

Les mêmes situations ont amené les mêmes stipulations dans les traités conclus par la France avec la Perse, Siam, la Chine, le Japon et l'Imamat de Mascate [3].

La pratique est aussi constante que les textes sont formels. Dans aucune Échelle du Levant ou de Barbarie on n'a contesté aux Consuls le droit de connaître des différends qui naissaient entre leurs nationaux, et une jurisprudence persistante de la Cour d'Aix, dont il nous paraît inutile de rapporter ici les monuments, a reconnu aux tribunaux consulaires la juridiction la plus étendue dans les matières commerciales, comme dans les matières civiles, sans en excepter les questions d'état [4].

Nous devons indiquer que les attributions des Consulats pour le jugement des différends qui naissent entre leurs nationaux ne sont pas directement attaquées aujourd'hui par le Gouvernement Égyptien, et nous sommes heureux de signaler à Votre Excellence que les documents produits et l'enquête constatent d'une manière unanime que la justice consulaire française est rendue en Égypte avec célérité, impartialité, avec une parfaite connaissance et une juste application des lois. L'appel, au surplus, pour les causes qui présentent de l'importance est porté devant les tribunaux de la métropole, et la justice ordinaire du pays donne satisfaction aux susceptibilités même les plus exagérées des plaideurs. La distance où sont les tribunaux de France pouvait bien, autrefois, gêner les justiciables dans l'exercice de leur recours, mais la rapidité et la régularité des communications a fait disparaître en grande partie cet inconvénient.

Quelques modifications ont été apportées à la composition de certains tribunaux consulaires français, à la suite des travaux d'une Commission spéciale;

[1] La défense faite aux Français au Levant de traduire leurs nationaux devant les juges ou officiers des Puissances étrangères est encore en vigueur. La Cour d'Aix, statuant sur appel d'une sentence consulaire, par son arrêt du 7 septembre 1844, a condamné à 1,500 livres d'amende le nommé Artu, pour avoir cité un autre Français devant les autorités ottomanes de Kutaïé. L'instruction générale du 8 août 1814 recommande aux Consuls de veiller à ce qu'il n'y soit pas contrevenu.

[2] Entre autres : loi sarde de 1858; loi belge de 1851; les *Orders in Council* de la Grande-Bretagne des 23 janvier 1863 et 30 novembre 1864.

[3] Traités de 1844 avec la Perse; du 24 septembre 1844 avec la Chine; du 17 novembre 1844 avec l'Iman de Mascate; du 15 août 1856 avec Siam; du 9 octobre 1857 avec le Japon; du 17 juin 1858 avec la Chine.

[4] Sur ce dernier point seulement : Aix, 17 avril 1832, 19 octobre 1846, 20 mars et 17 juin 1862.

mais elles n'ont que des rapports éloignés avec les questions qui doivent nous occuper et ne pouvaient faire l'objet de notre appréciation. Ces modifications, au surplus, ont été restreintes dans de sages limites, de manière à éviter les conflits que les changements plus radicaux introduits par le Gouvernement Britannique avaient fait naître à Constantinople entre la Cour consulaire et l'Ambassade, ainsi qu'entre le Gouvernement Anglais et la Porte elle-même.

Pour nous résumer sur le premier point : Dans les différends entre Français, compétence exclusive des Consulats d'après les traités, d'après les lois françaises, d'après les usages et la pratique; unanimité dans les documents et dans l'enquête pour approuver cet état de choses que tout le monde accepte, dont on réclame vivement le maintien et dont la modification, en l'état, n'est pas même demandée par la Note égyptienne.

### § 2. — CONTESTATIONS ENTRE EUROPÉENS DE NATIONALITÉS DIFFÉRENTES.

Les capitulations définissent d'une manière très-nette, par rapport à la justice du pays, la situation des Européens de nationalités différentes qui ont des démêlés entre eux.

L'article 52 du traité de 1740 est ainsi conçu : « S'il arrive que les Con- « suls et les négociants français aient quelques contestations avec les Consuls « et les négociants d'une autre nation chrétienne, il leur sera permis, du con- « sentement et à la réquisition des parties, de se pourvoir par-devant leurs « Ambassadeurs qui résident à ma Sublime Porte; et tant que le demandeur « et le défendeur ne consentiront pas à porter ces sortes de procès par-devant « les pachas, cadis, officiers ou douaniers, ceux-ci ne pourront pas y forcer, « ni prétendre en prendre connaissance [1]. »

Des stipulations de même nature se trouvent dans les capitulations réglant les rapports de la Porte avec les autres Puissances européennes. L'article 58 du traité avec la Russie, du 10-21 juin 1783, est ainsi conçu : « Les Consuls « et commerçants russes, se trouvant en litige avec des Consuls et négociants « d'une autre nation chrétienne, peuvent justifier auprès du Ministre russe « accrédité à la Porte, si les deux parties litigieuses y consentent. Et si elles « ne veulent point que leur procès soit informé par les pachas, les cadis, les « officiers et par les inspecteurs des douanes de la Porte, alors ceux-ci ne « pourront pas les y obliger, ni s'ingérer aucunement dans leurs affaires, sans « le consentement de toutes les parties en litige. »

[1] Ce cas ne pouvait être prévu par les premières capitulations. Dans les temps les plus anciens, les Européens ne peuvent pénétrer dans l'Empire Ottoman que sous la bannière de France. (Acte additionnel, en date du 20 avril 1607, aux lettres patentes du 20 mai 1604). Les étrangers, vis-à-vis de la Porte, étaient tous des Français ou protégés de France.

L'exclusion de la justice du pays, sauf le cas où toutes les parties en cause l'accepteraient, est donc formellement prononcée par les capitulations, et le jugement des contestations est réservé aux ambassadeurs résidant à la Sublime Porte.

Sur l'exclusion de la justice turque il ne pouvait se présenter de difficultés, et dans la pratique on ne nous a pas signalé, pour l'Égypte, de cas où les parties aient usé de la faculté qu'on leur réservait d'y recourir d'un commun accord.

Mais l'exécution de la réserve stipulée au profit de l'autorité européenne devait se traduire sous des formes diverses dans les différentes Échelles, les ambassadeurs ne pouvant exercer directement et personnellement le droit de justice qui leur était réservé.

De là divers usages.

A Constantinople on commence par créer des tribunaux mixtes, composés exclusivement d'Européens, désignés par les ambassadeurs en dehors de toute action de l'autorité locale.

Puis, en 1820, les Légations, par une convention verbale, substituent aux tribunaux mixtes des Commissions judiciaires mixtes.

Ces Commissions, créées pour chaque affaire, en prenant pour base la maxime du droit romain admise par la législation de toutes les Puissances chrétiennes, *actor sequitur forum rei*, étaient composées de trois membres, l'un d'eux désigné par la légation du demandeur, les deux autres par la légation du défendeur.

Elles prononçaient, en premier ressort et à la pluralité des voix, sur les actions civiles et commerciales portées devant elles; leurs sentences étaient homologuées par le tribunal de la légation du défendeur, qui était chargé de pourvoir à leur exécution.

L'appel formé, soit par le demandeur, soit par le défendeur primitifs, devait être porté devant le tribunal compétent pour connaître en dernier ressort des sentences rendues par les juges consulaires de l'appelant.

Ces Commissions, directement constituées par ceux auxquels les capitulations laissaient le règlement des difficultés qui leur étaient déférées, ont fonctionné pendant de longues années. La législation anglaise règle même les formalités à remplir par les Anglais appelés devant elles [1]. Un arrêt de la Cour d'Aix, du 28 novembre 1864, réformant une décision du tribunal de l'ambassade de France à Constantinople, a contesté, il est vrai, leur légalité, tout en reconnaissant « que cette pratique était sage en elle-même, basée sur l'in-« térêt des justiciables et généralement acceptée. »

En Égypte la règle *actor sequitur forum rei* avait été également acceptée,

[1] *Order in Council*, du 23 janvier 1863, art. 218 à 237.

mais elle avait été plus largement et plus directement suivie dans les contestations entre Européens de nationalités différentes. Tout demandeur devait porter, en pareil cas, la connaissance du litige au tribunal consulaire du défendeur.

Cette pratique, fondée sur une règle de droit généralement admise, devait s'établir d'autant plus sûrement que, grâce à son application, le juge ne fuyait pas devant le demandeur, le défendeur ne pouvant décliner la compétence de son propre tribunal. D'un autre côté, les plaideurs n'engagent pas des procès seulement pour faire reconnaître leurs droits, mais encore pour avoir une sanction de cette reconnaissance, pour obtenir un titre exécutoire avec lequel ils puissent vaincre la mauvaise foi ou le mauvais vouloir de leurs adversaires. Or le demandeur qui obtenait du tribunal du défendeur une condamnation contre celui-ci obtenait en même temps le droit et la possibilité de poursuivre l'exécution de cette sentence et pouvait compter, pour assurer cette exécution, sur l'autorité dont elle émanait. Aussi cette règle, invariablement suivie en Égypte, a-t-elle trouvé de nombreuses applications dans les autres Échelles [1].

Cette pratique présente dans certains cas des inconvénients sérieux.

Les contractants, au moment où ils traitent, ne peuvent prévoir à quelle juridiction ils seront soumis, et la qualité de demandeur au lieu de la qualité de défendeur que les circonstances leur imposent les conduit parfois devant un tribunal où les règles de procéder et la législation même peuvent ne pas leur présenter toutes les garanties désirables.

Certains tribunaux consulaires étrangers, d'ailleurs, semblent donner lieu à quelques critiques au point de vue de l'administration de la justice.

L'application rigoureuse de la règle *actor sequitur forum rei* fait que le défendeur ne peut former des demandes reconventionnelles devant le tribunal où il est attaqué; il est obligé de limiter sa défense, de subir parfois une condamnation et d'intenter un procès devant une autre juridiction. Cette situation est d'autant plus fâcheuse pour nos nationaux que, d'après l'édit de 1778,

[1] Cette application se justifie par de nombreux arrêts de la Cour d'Aix rendus dans des affaires où le Français avait été cité devant le tribunal consulaire français par l'étranger demandeur. Parmi ces arrêts on peut citer les suivants : 28 décembre 1858 et 23 novembre 1859, Florio, Autrichien, contre Tourniaire, sur appel de Constantinople ; 16 mai 1859, Petit, Prussien, contre Barbazous, appel du Caire ; 24 mai 1859, Volheim, Prussien, contre Picciotto, appel de Beyrouth ; 9 juillet 1859, Aperghi, Napolitain, contre Belhomme, appel de Constantinople ; 24 mai 1860, Popolani, Anglais, contre de Bourville, appel du Caire ; 3 décembre 1863, Marletta, Italien, contre Brenner, appel de Galatz ; 11 mai 1864, Kiriacopulo, Grec, contre Zizinia, consul belge, Français, appel d'Alexandrie, etc., etc. On a quelquefois cité un arrêt d'Aix du 28 juillet 1855, Tedeschi, Français, contre Kohn, Prussien, comme ayant jugé que les tribunaux consulaires français ne pouvaient connaître des contestations portées devant eux par des étrangers, contre des Français; la citation est inexacte, c'est l'inverse qui est jugé par l'arrêt ; il décide que Tedeschi, protégé français, n'a pu citer devant le tribunal français Kohn, protégé prussien.

les tribunaux consulaires français prononcent l'exécution provisoire de leur jugement et que l'action reconventionnelle, portée plus tard devant un autre tribunal, avec des pertes de temps et d'argent, alors même qu'elle réussit, peut rester sans effet.

Les inconvénients sont bien plus nombreux s'il y a plusieurs défendeurs : il faut faire autant de procès que l'on a d'adversaires appartenant à des nationalités différentes; de là des frais nombreux, du temps perdu, parfois des contrariétés de jugements et des difficultés très-grandes d'exécution.

La Commission aura l'honneur de signaler à Votre Excellence comment, si la Note égyptienne donnait lieu à une entente entre les divers Gouvernements, on pourrait faire disparaître presque tous ces inconvénients en adoptant la validité de la clause compromissoire au sujet des juridictions. Ici, d'ailleurs, nous devons constater que le remède à ces maux ne saurait venir de l'abandon des droits que les Européens tiennent des capitulations et des usages; car, malgré les inconvénients de l'état de choses actuel, ils n'ont jamais profité de la faculté que leur donnent les traités de porter leurs différends devant les juges du pays, et faire de cette faculté une obligation, en abrogeant les traités et renversant les usages, serait, comme l'expérience le prouve, violenter les volontés en aggravant le mal.

### § 3. — CONTESTATIONS ENTRE EUROPÉENS ET INDIGÈNES.

Pour le règlement des difficultés qui peuvent s'élever, dans les Échelles, entre les Européens et les indigènes, les capitulations font une distinction suivant que la valeur des procès dépasse ou n'atteint pas une somme généralement fixée à 4,000 aspres [1].

Capitulation de 1740, art. 26 : « Si quelqu'un avait un différend avec un « marchand français, et qu'ils se portassent chez le cadi, ce juge n'écoutera « point leur procès, si le drogman français ne se trouve présent, et, si cet inter- « prète est occupé pour lors à quelque affaire pressante, on différera jusqu'à « ce qu'il vienne; mais aussi les Français s'empresseront de se représenter sans « abuser du prétexte de l'absence du drogman . . . . . »

Art 41 : « Les procès excédant 4,000 aspres seront écoutés à mon Divan « impérial et non ailleurs. »

Art. 69 : « Les procès qui les concernent (les Français) excédant 4,000 aspres « seront renvoyés à ma Sublime Porte, selon l'usage et conformément aux « capitulations impériales. »

---

[1] Certains traités portent 3,000 aspres; d'autres, 4,000; d'autres, 500 piastres.

C'est la reproduction des capitulations antérieures [1].

Les mêmes stipulations se retrouvent dans les traités avec les autres Puissances [2].

La règle est claire et bien souvent reproduite. La valeur du procès est-elle de 4,000 aspres ou moindre, le juge local est seul compétent; mais il ne peut juger qu'en présence du drogman. Si la valeur du litige dépasse 4,000 aspres, ce n'est plus devant l'autorité judiciaire locale que le procès doit être porté, mais dans les conseils du Gouvernement Turc, et au siège de ce Gouvernement, c'est-à-dire à Constantinople.

Dans la pratique, l'exécution de cette disposition a présenté bien des variations.

Pendant quelque temps, les difficultés entre Européens et sujets turcs ont été jugées dans les Échelles par un fonctionnaire de la Porte avec des assesseurs choisis par lui parmi les négociants ottomans et étrangers.

La Porte a vainement essayé, à plusieurs reprises, de les soumettre à des juges exclusivement musulmans, en ne voulant admettre devant eux que l'intervention des interprètes des Ambassades. La résistance des Ambassadeurs la força à renoncer à ses projets : les assesseurs européens furent maintenus.

Les tribunaux mixtes de commerce créés en 1839, et qui ont commencé à fonctionner en 1846, sont composés de juges nommés par la Porte et de négociants délégués par leurs Légations ou Consulats; ils jugent les affaires de commerce et quelquefois on leur laisse connaître des affaires civiles réservées en principe aux tribunaux ottomans.

Les affaires du commerce maritime sont portées devant une chambre spéciale, organisée depuis sur les mêmes bases que le tribunal de commerce.

La Porte, pour remédier à l'insuffisance de la justice turque dans les rapports de ses sujets avec les étrangers, et même de ses sujets appartenant à des cultes différents, a fait, à diverses époques, de nombreuses promesses et des tentatives dont l'efficacité n'a pas été constatée dans la pratique.

Les différends entre rayas qui appartiennent à la même religion ne sont point réglés par les tribunaux ottomans. Depuis la conquête, le droit des rayas d'être jugés par leurs chefs religieux a été reconnu et conservé. Les parties ont seulement une faculté d'appel devant les cours ottomanes; mais cette

---

[1] Capitulations de 1535, art. 4; de 1569, art. 11; de 1581, art. 16, de 1604, art. 34; de 1673, art. 16 et art. 12 supplémentaires.

[2] Autriche, 1er juillet 1615, art. 10; juin 1617, art. 6; 17 juillet 1718, art. 5; Angleterre, septembre 1675, art. 24 et 69; Suède, 10 janvier 1737, art. 5; Deux-Siciles, 7 avril 1740, art. 5; Danemark, 14 octobre 1776, art. 10; Prusse, 22 mars 1761, art. 5; Espagne, 14 septembre 1782, art. 5; Russie, 10 juin 1783, art. 64 et 66; Sardaigne, 25 octobre 1825, art. 8; Toscane, 12 février 1833, art. 6; États-Unis, 7 mai 1838, art. 4; Belgique, 3 août 1838, art. 8; Villes hanséatiques 18 mai 1839, art. 8.

faculté est paralysée par l'engagement que les chefs religieux leur font prendre de s'en rapporter à leur jugement.

Quant à la justice ottomane, elle est ainsi organisée :

Une Cour suprême, instituée en 1840 par Abdul-Medjid ;

Au-dessous, deux présidences d'appel, une d'Europe, l'autre d'Asie ;

Puis 24 tribunaux sous la présidence des mollas, 126 tribunaux inférieurs ou tribunaux de *cazas*;

Et enfin les juges de district.

Ces tribunaux interprètent la loi dans son sens civil et religieux tout ensemble, en s'aidant de la collection de décisions publiées, sous le nom de *Multeka*, par Soliman II, et modifiées, en 1824, par Mahmoud.

Le projet d'organisation administrative de juin 1867 apporterait quelque modification à l'ensemble de l'organisation judiciaire que nous venons d'indiquer [1].

En Égypte, dans les procès entre Européens et indigènes, on a accepté la règle suivie pour les procès entre Européens de nations différentes, *actor sequitur forum rei*. Cet usage s'est établi, parce qu'il était impossible, conformément au texte littéral des capitulations, de recourir à la Porte, pour tous les procès excédant 4,000 aspres; parce que c'était un moyen, non-seulement d'obtenir des décisions judiciaires, mais encore de trouver une autorité qui en assurerait l'exécution; enfin, parce que, pendant longtemps,

[1] Il a paru utile à la Commission de rappeler ici la règle adoptée à Tunis, pour la solution des difficultés entre Européens et indigènes, parce qu'on y retrouve, comme dans les capitulations avec la Porte, l'adoption de ce principe, que le règlement de ces litiges ne doit pas être porté devant le juge local, mais dans les conseils mêmes du Gouvernement où devrait être entendu le Représentant de la Puissance à laquelle appartient l'Européen. Puis, lorsque, le nombre des procès augmentant, cette voie devient difficilement praticable, ce ne sont point les tribunaux du pays qui sont investis, mais des Commissions spéciales. Voici les dispositions des capitulations de Tunis avec la France :

Traité du 9 novembre 1742, article 16 : « S'il arrive quelque différend entre un Français et un « Turc ou un Maure, il ne pourra être jugé par les juges ordinaires, mais bien par le Conseil des- « dits Bey, Dey et Divan, et en présence dudit Consul. »

Traité de 1802, article 7 : « Les censaux juifs et autres étrangers résidant à Tunis, au service « des négociants et autres Français... S'ils ont quelques différends avec les Maures ou Chrétiens « du pays, ils se rendront avec leur partie adverse par-devant le commissaire de la République française, où ils choisiront à leur gré deux négociants français et deux négociants maures parmi « les plus notables pour décider de leurs contestations. »

Traité de 1824, article 14 : « En cas de contestation entre un Français et un sujet tunisien, pour « affaire de commerce, il sera nommé par le Consul général de France des négociants français et un « nombre égal de négociants du pays qui seront choisis par l'*amin* ou toute autre autorité désignée « par Son Exc. le Dey. Si le demandeur est sujet tunisien, il aura le droit de demander au Consul « général d'être jugé de cette manière, et si la Commission ne peut terminer la contestation pour « cause de dissidence ou de partage dans les opinions, l'affaire sera portée par-devant Son Exc. « le Dey, pour être prononcé par lui, d'accord avec le Consul général de France, conformément à « la justice. »

Voyez encore : *Bayouroaldi* de 1861, article 7.

des tribunaux spéciaux n'ayant pu être constitués en Égypte, comme cela avait
eu lieu à Constantinople, pour juger les procès de cette nature, les Européens n'auraient jamais consenti à comparaître comme défendeurs devant la
justice ordinaire du pays.

L'usage constant s'est donc établi en Égypte, entre les Européens et les indigènes, de soumettre leurs différends au tribunal des défendeurs ; les rapports
de Constantinople, d'Alexandrie, du Caire le constatent d'une manière formelle. La Note égyptienne ne le conteste pas, puisqu'elle le qualifie d'abusif ;
l'enquête a également établi son existence ; les tribunaux français en ont admis
la légalité [1].

La répugnance des Européens à aller devant les tribunaux locaux est telle
que les Vice-Rois l'ont eux-mêmes respectée. Pour le jugement des procès qu'ils
ont eus avec les étrangers, ils ont consenti à créer des Commissions spéciales,
en vue desquelles il a été arrêté des règlements particuliers de procédure [2], et
même quelquefois à porter leurs différends devant les tribunaux européens [3].

Les tribunaux de commerce d'Alexandrie et du Caire ont été réorganisés
par l'acte du 3 septembre 1861 ; ils doivent se composer d'un certain nombre
de membres indigènes et européens, appelés à siéger par l'élection. Ils sont
placés sous la présidence d'un Égyptien.

Ils sont tribunal d'appel l'un de l'autre ; un greffe est organisé auprès d'eux ;
un règlement spécial, en quarante-quatre articles, détermine la procédure qu'on
doit y suivre.

D'après les documents soumis à la Commission et des renseignements
recueillis dans l'enquête, le fonctionnement de ces tribunaux a soulevé bien
des plaintes : l'élément indigène, qui y domine, les placerait sous l'influence
d'idées systématiquement hostiles aux étrangers. La plupart des juges n'auraient pas les connaissances spéciales nécessaires, manqueraient d'indépendance et se laisseraient souvent guider par des mobiles regrettables. Les règles
de procédure ne seraient pas suivies, et les lois que le tribunal a pour mission
de faire respecter seraient trop souvent ignorées ou volontairement violées.
Le fonctionnement d'une pareille justice serait si irrégulier, que des assesseurs européens, appelés à y siéger par le suffrage de leurs concitoyens,
se seraient retirés dans diverses circonstances pour ne pas assumer par leur
présence une part de responsabilité dans les sentences injustes que leur im-
posait la majorité. La surveillance des greffes prescrite par les règlements

---

[1] Arrêts d'Aix, 23 juillet 1859, 11 mai 1864, et autres.

[2] Commission mixte austro-égyptienne ; Commission mixte helléno-égyptienne, et Commission
russo-égyptienne.

[3] Entre autres l'affaire Bartolucci, soumise au tribunal consulaire d'Italie, avec appel à Gênes ;
l'affaire Pacho, portée en appel à Paris devant un comité d'avocats ; l'affaire Hallag, soumise au
Conseil d'État du royaume d'Italie ; l'affaire Morpurgo, déférée à la cour d'appel de Trieste.

n'aurait pas lieu, et les greffiers, choisis au hasard sans aucune condition
d'études préparatoires, abuseraient d'une manière fâcheuse de l'influence que
leur situation leur donne. L'exécution, enfin, des jugements serait confiée
à des cavas détachés de la police, ou à d'autres agents sans capacité ni aptitude pour cette mission.

L'administration égyptienne, sans accepter tous ces reproches, reconnaît
elle-même que ce tribunal, dans sa composition et son fonctionnement, doit
recevoir des modifications. Nous n'avons pas à entrer ici dans l'examen des propositions que contient à ce sujet la Note égyptienne. Nous nous bornons à constater l'état des choses, les plaintes qu'il soulève; nous indiquerons plus tard
à Votre Excellence quelles sont, dans l'opinion de la Commission, parmi les
réformes proposées, celles qui paraissent les plus propres à conduire l'Égypte
dans la voie d'un progrès sérieux et réel.

### § 4. — JURIDICTION EN MATIÈRE CRIMINELLE.

L'article 15 du traité de 1740 porte : « S'il arrivait quelque meurtre ou
« quelque autre désordre entre les Français, leurs Ambassadeurs et leurs
« Consuls en décideront selon leurs us et coutumes, sans qu'aucun de nos
« officiers puisse les inquiéter à cet égard. »

Les mêmes stipulations se retrouvent dans les traités de 1535, article 5;
1569, article 12; 1581, article 17; 1604, article 18.

Art. 65 du traité de 1740 : « Si un Français ou un protégé de France com-
« mettait quelque meurtre ou quelque autre crime, et qu'on voulût que la
« justice en prît connaissance, les juges de mon Empire et les officiers ne
« pourront y procéder qu'en présence de l'Ambassadeur et des Consuls et de
« leurs substituts dans les endroits où ils se trouveront.... »

Traité de 1740, article 76 : « Les gouverneurs, commandeurs, cadis,
« douaniers, vaïvodes, muteslim, officiers, gens notables du pays, gens d'af-
« faires et autres ne contreviendront en aucune façon aux capitulations impé-
« riales; et si, de part et d'autre, on y contrevient en molestant quelqu'un,
« soit par paroles, soit par voies de fait, de même que les Français seront
« châtiés par leurs Consuls ou supérieurs, conformément aux capitulations,
« il sera aussi donné des ordres, suivant l'exigence des cas, pour punir les sujets
« de notre Sublime Porte des vexations qu'ils auraient commises, sur les repré-
« sentations qui en seraient faites par l'Ambassadeur et les Consuls, après
« que le fait aura été bien avéré. »

L'article 8 du traité suédois du 10 janvier 1737 semble réserver aux Consuls compétence pour le cas spécial où un Suédois aurait contrevenu aux lois, en injuriant qui que ce soit [1].

Traité du 7 mai 1810 entre la Porte et les États-Unis, article 4 : « . . . . . Les « citoyens des États-Unis d'Amérique vaquant paisiblement à leur commerce, « et n'étant ni accusés ni convaincus de quelque crime ou délit, ne seront point « molestés, et si même ils avaient commis quelques délits, ils ne seront point « arrêtés et mis en prison par les autorités locales, mais ils seront jugés par « leur Ministre ou Consul, et punis suivant leur délit, en observant sur ce « point l'usage établi à l'égard d'autres Francs. »

Traité belge du 3 août 1838 : « . . . . . Les belges vaquant honnètement et « paisiblement à leurs occupations ou à leur commerce ne pourront jamais « être arrêtés ou molestés par les autorités locales ; mais, en cas de crime ou de « délit, l'affaire sera remise à leur Ministre, Chargé d'affaires, Consul ou Vice-« Consul. Les accusés seront jugés par lui et punis suivant l'usage établi à « l'égard des Francs. »

Traité signé à Londres le 18 mai 1839 entre la Porte et les Villes han-séatiques, article 8 : « . . . . . Les citoyens hanséatiques vaquant honnètement « et paisiblement à leurs occupations ou à leur commerce ne pourront jamais « être arrêtés ni molestés par les autorités locales ; mais en cas de crime ou de « délit, l'affaire sera remise à un Ministre, Chargé d'affaires, Consul ou Vice-« Consul le plus voisin du lieu où le délit a été commis, et les accusés seront « jugés par lui, selon l'usage établi à l'égard des Francs. »

C'est l'ensemble de ces textes qu'il faut consulter pour apprécier si les ca-pitulations réservent dans tous les cas juridiction au tribunal de l'accusé, quelle que soit la nationalité de la victime, car, dans la plupart des traités entre la Porte et la France, il est formellement stipulé que la France jouira de toutes les concessions, faveurs et priviléges qui pourraient être accordés à la nation la plus favorisée [2].

Les derniers actes sont les plus utiles à consulter, parce que, consentis pour régler les relations actuelles, alors que les prétentions contraires s'étaient formulées, que les usages s'étaient établis, ils précisent davantage la volonté des parties contractantes.

Le Gouvernement Français, dans ces derniers temps, n'a pas hésité à sti-puler pour ses Consuls le droit de poursuivre contre leurs nationaux, quelle

[1] La compétence du Consul semble aussi réservée, pour le cas où quelqu'un se plaint de torts reprochés à un Anglais, par l'article 10 des capitulations anglaises de 1575.
A consulter encore l'article 6 des capitulations espagnoles du 14 septembre 1782.
[2] Cela est dit dans la plupart des traités, parmi les plus récents, citons l'article 9 du traité de 1802, l'article 1 du traité de 1838, l'article 32 du traité de 1856.

que fût la victime de leurs méfaits, lorsqu'il traitait avec d'autres États hors de la chrétienté [1].

Les usages ne se manifestent pas dans toutes les parties de l'Empire Ottoman avec la même certitude. La poursuite du Français par l'autorité française a été autorisée même à Constantinople; elle s'exerce librement à Tunis; il en est de même en Égypte [2].

Le rapport de Constantinople joint au dossier fait connaître comment s'exerce l'action répressive dans cette ville, lorsque l'Ambassade, ne revendiquant pas le droit de poursuivre, laisse l'autorité turque s'emparer de l'affaire.

Dans les tribunaux inférieurs, à côté des Ottomans, siégent des juges appartenant à diverses communautés. Le drogman assiste à toute l'information, et même au jugement, avec une assez large part d'influence et d'action.

Il n'y a pas de manière uniforme de procéder, mais un ensemble d'usages variant suivant les affaires, les circonstances, le caractère des personnes, les pressions qui sont exercées.

Pour l'Égypte, l'organisation de la justice criminelle n'a pas pu être nettement indiquée, l'action de la police et de l'administration, même en ces matières, étant fort large et fort puissante. Mais ce qui est hors de doute, c'est qu'il est de pratique constante que la poursuite est toujours laissée au Consul du prévenu, quelle que soit la victime. Cet état de choses semble consacré dans le règlement de police de S. A. Saïd-Pacha. L'article 52 porte, sans établir de distinctions : « Le jugement et la punition des crimes et délits imputés à un « étranger, dont la prévention aura été justifiée par l'instruction préparatoire, « seront, à la requête du directeur de la police, poursuivis devant la justice « consulaire. »

Art. 55 : « Si un étranger prévenu de crime ou délit, ou contravention, « ne relève d'aucun consulat, et se trouve par conséquent en dehors de toute « juridiction étrangère, il sera procédé à son égard par la justice locale et con- « formément aux lois du pays [3]. » Cet usage est d'autant plus respectable qu'il

[1] Voir les traités conclus depuis 1844 avec la Perse, Siam, le Japon, la Chine et l'imamat de Mascate.

[2] D'une statistique publiée il y a quelque temps dans un discours de rentrée prononcé par M. le Procureur général de Gabrielli, alors Avocat général à la Cour impériale d'Aix, il résulte que, de 1836 à septembre 1858, dans vingt-quatre affaires criminelles, les personnes lésées étaient Françaises dans neuf cas, protégées dans trois, étrangères dans dix, musulmanes dans deux. Sur seize affaires jugées en appel au correctionnel, les personnes lésées étaient Françaises dans huit cas, étrangères dans trois, musulmanes dans deux, à la fois musulmanes et Françaises dans deux; une affaire ne présentait qu'une contravention à la loi, sans préjudice direct pour une partie civile.

[3] L'article 5 de l'arrêté réglementaire du 15 septembre 1863 repose sur la reconnaissance du même principe : il défend aux chasseurs de molester ou insulter des indigènes, et il ajoute que, si de pareils faits venaient à se produire malgré cette défense, on devra avertir l'autorité, qui en avisera les Consuls respectifs pour en obtenir la due réparation.

ne se place pas à côté de la loi et des traités pour en paralyser la volonté, mais
au contraire au-dessous d'eux pour en assurer l'exécution. Il était nécessaire
de le voir adopter dans des matières aussi graves, puisque autrefois, d'après
la Note égyptienne, *ces sortes d'affaires se passaient pour ainsi dire en famille*,
c'est-à-dire auraient été laissées complétement à l'arbitraire.

Cet usage peut-il faire loi dans les relations internationales? Les traités de la
Porte avec les États-Unis, la Belgique et les Villes hanséatiques, et la loi de
1836 sur la répression des crimes et délits commis dans le Levant répondent
suffisamment à cette question [1]. Il existe, d'ailleurs, d'une manière tellement
incontestable, que l'on se plaint des abus qu'il crée et qu'on lui reproche
d'entraîner l'impunité et même de menacer la sûreté publique. On ajoute que
certains Consulats manqueraient de fermeté, et que, dans les moindres contraventions, leur autorité viendrait paralyser toutes les mesures de police.

Il est impossible de ne pas reconnaître que la situation exceptionnelle où se
trouvent l'Égypte et les Pays du Levant et de Barbarie permet d'y constater des
faits regrettables. Mais il ne faut pas exagérer le mal, et, en fermant la porte
à certains abus, en créer de plus grands. Il faut se garder, en essayant de prévenir l'impunité par des mesures qui ne donneraient pas la certitude d'obtenir
ce résultat, de priver les étrangers des garanties qui leur sont indispensables.

Des circonstances exceptionnelles et transitoires ont amené en Égypte une
population étrangère, dont le séjour accidentel ne peut servir de base aux relations durables d'État à État, et dans les faits fâcheux, inévitables avec de
pareilles agglomérations d'individus, les victimes sont très-rarement des indigènes.

La plupart des Consuls ont toujours mis le plus grand empressement dans
la poursuite des crimes dont la répression appartient en définitive, d'après la
législation criminelle de la plupart des États, aux tribunaux de la Métropole,
et si certains faits sont restés impunis, la répression confiée à l'autorité égyptienne ne serait pas mieux assurée, à en juger par la manière dont elle use de
son pouvoir à l'égard des indigènes.

Les Consulats, au surplus, ont toujours secondé l'action du Gouvernement
Égyptien, loin de l'entraver dans l'exercice du pouvoir de police.

Le Règlement général de S. A. Saïd-Pacha a été pris avec le concours des
Consuls réunis en conférence avec des fonctionnaires égyptiens désignés par le
Vice-Roi.

Il y a quelque temps, le nombre croissant des vagabonds et gens sans aveu
ayant inspiré quelques craintes à l'autorité, le Corps consulaire s'est joint au

___

[1] Les publicistes s'accordent à placer les rapports entre les Pays en Levant et les Nations européennes sous l'empire non-seulement des traités, mais encore des usages; c'est ainsi notamment que
Martens, dans son introduction au *Précis du droit des gens*, parle du droit des gens conventionnel
et coutumier des Turcs.

Gouvernement Égyptien pour lui donner les moyens d'expulser ces individus et de vaincre, s'il y avait lieu, les résistances de quelques-uns des agents étrangers.

Les Consulats ont laissé à la police égyptienne toute facilité pour pénétrer dans les lieux publics et y faire les perquisitions et arrestations que nécessiterait le maintien de l'ordre, quelle que fût la nationalité à laquelle appartiendraient les propriétaires de ces cafés, garnis, etc.

Au surplus, la Commission a été frappée de voir l'insistance avec laquelle on demande, dans un Mémoire qui lui a été adressé en dernier lieu, la réorganisation de la justice criminelle en Égypte, et l'attribution aux tribunaux à créer, dans le pays, du jugement des crimes et délits réservés à la poursuite des Consulats, lorsque le Représentant du Gouvernement Égyptien lui-même, au nom du Vice-Roi, propose que l'on diffère l'examen de ces questions. La Note égyptienne mentionne bien, il est vrai, la réforme de la justice criminelle; mais dans les explications verbales fournies par Nubar-Pacha, il n'insiste pas sur ce point, et la Commission avait d'autant plus de raisons de croire qu'on avait renoncé à soulever pour le moment ces questions, que dans le double de cette même Note transmise à la Porte par les soins du Vice-Roi, après les développements sur l'organisation de la justice civile, on lit : « Quant aux « tribunaux qui connaîtront des délits entre indigènes et étrangers, l'inten- « tion du Vice-Roi est de les organiser sur la même base; mais il attend de « voir d'abord comment fonctionneront les tribunaux civils et commerciaux, « car l'adoption de ceux-ci facilitera et hâtera l'adoption des autres. »

N'est-ce point là en effet le parti le plus sage et auquel il convenait de s'arrêter? Cependant, dès maintenant, dans l'intérêt de l'ordre et pour assurer une plus grande liberté d'action et de répression à la police égyptienne et au Gouvernement, en matière de contraventions, la Commission a cru devoir soumettre à Votre Excellence quelques propositions qui sont formulées dans la dernière partie de notre rapport.

## § 5. — EXÉCUTION.

Les capitulations ont toujours pris grand soin de stipuler que la personne, le domicile et les biens des Français ne pourraient être l'objet d'exécutions que sous la surveillance et avec le concours des autorités consulaires.

Traité de 1740, art. 70 : « Les gens de justice et les officiers de ma Sublime « Porte, de même que les gens d'épée, ne pourront, sans nécessité, entrer par « la force dans une maison habitée par un Français, et lorsque le cas requerra « d'y entrer, on en avertira l'Ambassadeur ou le Consul dans les endroits où il « y en aura, et l'on se transportera dans l'endroit en question avec les personnes

« qui auront été commises de leur part; et si quelqu'un contrevient à cette
« disposition, il sera châtié. »

L'article 65 des mêmes capitulations exige également la présence des Ambassadeurs, Consuls ou leurs substituts dans le cas où il y a lieu de procéder à
des perquisitions ou recherches chez les Français.

Ces principes ont été sans cesse reconnus par la Porte et dans toutes les
Échelles. Nous pourrions citer une foule de documents émanés des Autorités
musulmanes dans lesquels ils sont formellement posés. Nous les trouvons encore dans le Protocole qui accompagne l'Acte du 18 juin 1867, concédant
aux étrangers le droit de propriété immobilière dans l'Empire Ottoman. On y
dit : « La demeure du sujet étranger est inviolable, conformément aux traités,
« et les agents de la force publique ne peuvent y pénétrer sans l'assistance
« du Consul ou du Délégué du Consul dont relève cet étranger. »

La Note égyptienne porte : « Les capitulations protègent d'une manière
« inviolable le domicile et la personne de l'étranger. Il n'est pas question de
« porter atteinte à ce principe; Votre Altesse veut même le fortifier... »

La pratique est conforme à cette règle, et toutes les exécutions n'ont lieu
qu'avec le concours et sous la surveillance du Consul ou de son Délégué.

Cette mesure tutélaire était indispensable pour prévenir des illégalités, et
même des excès provenant du fait d'agents subalternes.

Elle était sage et politique, car en amenant le Délégué du Consulat sur les
lieux, avant les exécutions, elle prévenait des résistances fâcheuses et des
réclamations plus ou moins vives, qui auraient pu se produire plus tard par
la voie consulaire et diplomatique.

Il paraît difficile de ne pas demander le maintien d'usages fondés sur les traités,
les règlements, et pleinement justifiés, et de ne pas les maintenir, alors même,
comme cela a été au moins allégué, que les refus, non motivés de la part de
certains Agents, de concourir à l'exécution auraient paralysé l'effet de titres
ou de sentences emportant droit d'exécuter. Abolir la règle sans faire disparaître
les inconvénients qu'un pareil mauvais vouloir peut entraîner donnerait lieu
à des abus et à des difficultés pratiques encore plus graves.

Toutefois, si les tribunaux des Pays auxquels seraient déférées des contestations entre Européens et indigènes venaient à être constitués sur des bases
convenues entre le Gouvernement Français et le Gouvernement Égyptien, le
Consul invité à prêter son concours à la personne qui aurait intérêt à poursuivre
l'exécution du jugement devrait le donner sans pouvoir opposer de *veto* à cette
exécution, et en se bornant à s'assurer qu'on y procède par les voies légales.

La Commission croit devoir constater que, dans plusieurs rapports et plusieurs dépositions, on lui a signalé qu'en Égypte, si on avait à se plaindre de
la justice, on avait encore plus à regretter l'impossibilité où l'on est de faire
exécuter ses sentences.

## § 6. — LÉGISLATION.

Avant de constituer des tribunaux, de s'occuper de l'organisation judiciaire destinée à appliquer les lois, ou tout au moins en même temps qu'on pourvoit à ces nécessités, il faut que la législation elle-même soit fixée.

La Porte a essayé de remplir cette obligation en faisant traduire une partie des lois françaises, espérant donner ainsi satisfaction à la majeure partie de la colonie étrangère, qui, d'après les usages, suit ces lois. Elle s'est bornée à introduire dans nos textes des modifications que lui indiquaient des usages, quelques autres lois européennes, et sur certains points le droit musulman lui-même.

C'est ainsi qu'a été composé le Code pénal publié en 1856; c'est celui qui s'écarte le plus de nos lois.

Le Code de commerce, le Code de commerce maritime, l'Appendice du Code de commerce, le Code de procédure commerciale, publiés de 1850 à 1864, se rapprochent au contraire beaucoup des Codes français.

En Égypte, la législation française en matière commerciale, et même en matière civile, est assez généralement suivie. Cela est constaté par la Note égyptienne, comme par les rapports consulaires, et l'existence de cet usage se trouve établie dans des documents judiciaires (arrêt d'Aix, 24 mai 1858) et dans des actes du Gouvernement Égyptien (art. 41 du règlement sur la réorganisation des tribunaux de commerce).

Bien que notre législation semble acceptée en principe, dans l'application il se présente cependant des difficultés, et devant certains Consulats, spécialement devant les tribunaux consulaires anglais, on refuse de s'y soumettre.

Il serait cependant utile que, par suite d'accord entre les Gouvernements dans les relations entre Européens et entre Européens et indigènes, une règle certaine pût être adoptée.

Pour les matières civiles, au surplus, ces essais de codification n'existent pas.

Un corps de lois à l'usage des Européens établis dans le Levant, destiné à servir de base au règlement des contestations qui pourraient s'élever entre personnes appartenant à diverses nationalités, ou entre Européens et indigènes, ne pourrait être adopté sans le concours ou tout au moins l'assentiment des Gouvernements de ceux qui doivent y être soumis.

Si l'on admettait le principe contraire, on pourrait bien ne pas le regretter tant que le Gouvernement Égyptien se bornerait à traduire les Codes en vigueur dans la plupart des États de l'Europe; mais à quelles conséquences ne serait-on pas conduit si, au contraire, son choix portait sur des législations opposées aux usages généraux, établies sous l'influence des lois religieuses ou sous toute autre pression qui en rendrait l'application impossible?

Au surplus, la Note égyptienne n'a pas d'autre but sur ce point que de demander qu'une Commission, composée d'Européens et de Délégués du Gouvernement Égyptien, soit chargée de ce travail, qui formerait en Égypte le droit commun entre Européens n'appartenant pas à la même nationalité et entre Européens et indigènes.

Ce projet est adopté par diverses Puissances, notamment par les Gouvernements Anglais et Italien.

Seulement, tandis que la Note égyptienne propose de composer cette Commission exclusivement de jurisconsultes, la dépêche anglaise voudrait y faire entrer avec raison des Représentants politiques des nations étrangères, et, dans des documents communiqués à la Commission, on désirerait y voir introduire l'élément commercial lui-même, représenté par des chefs d'anciennes maisons de commerce établies en Égypte.

### § 7. — OPINIONS ÉMISES DANS LE CONGRÈS DE PARIS SUR L'EXERCICE DU DROIT DE JURIDICTION.

Nous venons d'indiquer quelle est, d'après le texte des traités et d'après les usages, la situation des Français en Orient, au point de vue des juridictions. La Commission n'a pas cru qu'il fût nécessaire de déterminer ici les circonstances dans lesquelles sont intervenus ces traités. Ces aperçus historiques, qui nous montreraient l'influence française à l'extérieur dans ses manifestations les plus nobles, les plus généreuses, et à la fois les plus persistantes et les plus salutaires pour l'Europe comme pour l'Orient, pourraient bien servir à apprécier la portée des capitulations; mais les faits sont suffisamment connus, et on est tellement d'accord sur leur appréciation, que la Commission a cru inutile de les rappeler.

Aussi s'est-elle bornée à attirer l'attention de Votre Excellence sur cette époque tout à fait rapprochée de nous, où vont se produire les tendances de la Porte à revenir sur ses concessions et à se soustraire à leurs effets, notamment en ce qui concerne les droits de juridiction.

C'est au moment de la réunion du Congrès de Paris que ces tendances s'accentuent davantage. La Turquie, appelée à faire partie du système politique de l'Europe, les manifeste formellement et officiellement.

Le Comte de Clarendon venait d'exprimer le désir de voir les Puissances contractantes « chercher à s'entendre dans le but de mettre les rapports de « leur commerce et de leur navigation en harmonie avec la position nouvelle « qui serait faite à l'Empire Ottoman. »

Cet avis avait été appuyé par M. le Comte Walewski, par le Comte Cavour et le Baron de Manteuffel; le Comte de Buol ne s'y était associé qu'avec une très-grande réserve.

Le protocole de la séance du 25 mars 1856 s'exprime ainsi :

« Aali-Pacha attribue toutes les difficultés qui entravent les relations com-
« merciales de la Turquie et l'action du Gouvernement Ottoman à des stipula-
« tions qui ont fait leur temps. Il entre dans des détails tendant à établir que les
« priviléges acquis par les capitulations aux Européens nuisent à leur propre
« sécurité et au développement de leurs transactions, en limitant l'intervention
« de l'administration locale; que la juridiction dont les agents étrangers cou-
« vrent leurs nationaux constituent une multiplicité de gouvernements dans le
« gouvernement, et, par conséquent, un obstacle infranchissable à toutes les
« améliorations.

« M. le Baron de Bourqueney, et les autres Plénipotentiaires avec lui, recon-
« naissent que les capitulations répondent à une situation à laquelle le traité
« de paix tendra nécessairement à mettre fin, et que les priviléges qu'elles
« stipulent pour les personnes circonscrivent l'autorité de la Porte dans des
« limites regrettables; qu'il y a lieu d'aviser à des tempéraments propres à
« tout concilier, mais qu'il n'est pas moins important de les proportionner aux
« réformes que la Turquie introduit dans son administration, de manière à
« combiner les garanties nécessaires aux étrangers avec celles qui naîtront des
« mesures dont la Porte poursuit l'application.

« Ces explications échangées, MM. les Plénipotentiaires reconnaissent una-
« nimement la nécessité de reviser les stipulations qui fixent les rapports
« commerciaux de la Porte avec les autres Puissances, ainsi que les conditions
« des étrangers résidant en Turquie; et ils décident de consigner au présent
« protocole le vœu qu'une délibération soit ouverte à Constantinople, après la
« conclusion de la paix, entre la Porte et les Représentants des autres Puissances
« contractantes, pour atteindre ce double but dans une mesure propre à donner
« satisfaction à tous les intérêts légitimes. »

Si les espérances que pouvaient donner à la Turquie les dispositions bienveillantes des Représentants des Puissances européennes ont pu être partielle-
ment réalisées en ce qui concerne les rapports commerciaux de la Porte avec
ces Puissances, l'impossibilité de modifier la condition des étrangers, sans
porter atteinte à leur sûreté personnelle et à la garantie à laquelle ils ont
droit pour leurs biens, n'a pas permis de leur donner une plus ample satisfaction.

Depuis, la Porte a conclu de nombreux traités aux dates suivantes : 29 avril
1861 avec la France; 29 avril 1861, avec la Grande-Bretagne; 10 juillet 1861,
avec l'Italie; 22 janvier, 3 février 1862, avec la Russie; 10-22 mai 1862, avec
l'Autriche; 13-25 février 1862, avec les États-Unis; 20 mars 1862, avec la
Prusse et le Zollverein; et l'article 1er de ces traités porte invariablement :

« Tous les droits, priviléges et immunités qui ont été conférés aux sujets et
« aux bâtiments de (la Puissance contractante) par les capitulations et traités
« existants sont confirmés maintenant et pour toujours [1], à l'exception des
« clauses desdites capitulations que le présent Traité a pour objet de modifier. »
Or, dans ces dernières clauses, il n'en est aucune qui concerne la juridiction.

### § 3. — PROPOSITIONS DU GOUVERNEMENT ÉGYPTIEN.

Les tentatives aujourd'hui faites par l'Égypte ont paru à la Commission
avoir le même objet et poursuivre le même but que celles qu'a faites la Porte.
On veut, au moyen de certaines combinaisons, et notamment en faisant une
assez large part à l'élément européen dans la constitution des tribunaux égyptiens, obtenir de la France, en faveur de l'Égypte, la manifestation d'un retour
aux principes de droit public qui régissent les Pays de chrétienté.

Dans l'appréciation que la Commission aura à faire des propositions égyptiennes, nous aurons lieu de les reproduire successivement : il a paru cependant utile à la Commission de les indiquer ici dans leur ensemble.

La Note égyptienne présentée sous la forme d'un rapport à S. A. le Vice-Roi
par son Ministre des Affaires étrangères, S. E. Nubar-Pacha, développe deux
ordres d'idées : elle signale des abus et des inconvénients, que, d'après elle,
présenterait l'état de choses actuel; elle indique sous forme de propositions
les moyens qu'elle croit les plus efficaces pour y remédier.

Les plaintes peuvent se résumer ainsi :

Les capitulations ne sont pas suivies; elles ont été remplacées par une législation coutumière et par des usages fondés sur des abus.

L'indigène demandeur ou défendeur ne peut obtenir justice, et il est, en
définitive, dépouillé, notamment à la suite des contrats de location.

Le Gouvernement Égyptien lui-même a dû subir des procès scandaleux, qui
l'ont mis dans le cas de payer, depuis quatre ans, 92 millions d'indemnité.

« La manière dont la justice s'exerce tend à démoraliser le pays, et l'Arabe,
« forcé de voir l'Europe à travers l'Européen qui l'exploite, répugne au pro-
« grès de l'Occident et accuse le Vice-Roi et son Gouvernement de faiblesse ou
« d'erreur. »

Pour les crimes, les délits, et même les simples contraventions, la justice se
trouve complétement abandonnée, non aux institutions, mais à l'arbitraire des
individus.

Le remède à apporter à cet état de choses consisterait dans l'organisation

---

[1] Wheaton, dans son travail sur le droit international, insiste sur ces mots : *now and for ever*,
qui se trouvent également dans le traité américain du 26 février 1862, comme manifestant l'intention formelle pour les contractants de maintenir pour longtemps encore des concessions que la
situation des étrangers en Orient rendait indispensables.

d'un bon système de justice qui fût accepté tant par les Égyptiens que par les Européens, en donnant à l'Europe toutes les garanties qu'elle est en droit de demander, même des garanties superflues.

Cette organisation aurait lieu sur les bases suivantes :

Séparer la justice de l'administration et la rendre indépendante du Gouvernement et des Consulats;

Faire entrer dans les tribunaux l'élément européen, et fonder ainsi un système mixte;

Étendre ce système, qui existe déjà pour les matières commerciales, dans l'Empire Ottoman, aux matières civiles et criminelles.

Précisant davantage, le rapport de Nubar-Pacha « propose la conservation « des deux tribunaux mixtes de commerce établis au Caire et à Alexandrie; « mais, au lieu de les composer de trois membres choisis parmi les Consuls, « parmi les négociants de la Colonie européenne, et de trois membres indi- « gènes que le Gouvernement appelle à siéger à tour de rôle, le Ministre « propose de le composer de quatre membres seulement : deux que les Consuls « choisiraient parmi les négociants présentant le plus de garanties, et pris « parmi les plus notables; deux autres que le Gouvernement choisirait parmi « les indigènes que leurs relations rapprochent le plus des Européens. Ces « membres siégeraient à tour de rôle; la présidence serait laissée à un Égyp- « tien, mais on donnerait la vice-présidence à un magistrat choisi en Europe, « et, pour avoir des garanties au sujet de son caractère, il serait bon de s'adres- « ser au Ministère de la Justice. Ce magistrat serait permanent.

« Au-dessus de ces deux tribunaux, il serait nécessaire d'avoir un tribunal « d'appel siégeant à Alexandrie. Celui-ci serait composé de trois membres « égyptiens, choisis parmi les jeunes gens qui ont fait leurs études en Europe, « et de trois autres membres, magistrats compétents, que Son Altesse ferait « venir d'Europe, en s'adressant pour le choix à leurs Gouvernements. Ce tri- « bunal fonctionnerait sous la présidence d'un Égyptien.

« A côté des deux tribunaux de commerce, il faudrait deux tribunaux jugeant « au civil. On pourrait les composer de deux membres compétents, engagés « au dehors, et de deux membres égyptiens, toujours sous la présidence d'un « sujet égyptien.

« Le tribunal d'appel siégeant à Alexandrie aurait aussi dans ses attributions « la révision des jugements rendus par les tribunaux civils. »

Les questions terriennes et de propriété seraient réservées à des tribunaux où n'entrerait pas l'élément étranger.

Les juges ne jouiraient pas de l'inamovibilité au début; ils seraient institués pour cinq ans.

En appliquant au criminel le système proposé pour le règlement des affaires civiles, on instituerait des tribunaux correctionnels mixtes qui constitueraient une sorte de jury, composé mi-partie d'indigènes, mi-partie d'Européens.

L'appel des décisions de ce tribunal serait porté au tribunal suprême d'Alexandrie.

En ce qui concerne la législation, on suivrait, en matière commerciale, le Code de commerce français aujourd'hui en vigueur à Constantinople.

Pour la législation civile, le Vice-Roi appellerait en commission des juris-consultes étrangers, qui, réunis aux légistes égyptiens, combineraient en les conciliant les dispositions du Code Napoléon avec la législation égyptienne et les lois des autres nations européennes.

Cette Commission mettrait en harmonie les lois pénales de l'Égypte avec le Code pénal français.

Entendu par la Commission, le Ministre de S. A. le Vice-Roi a modifié plusieurs des propositions contenues dans sa Note.

L'Égypte consentirait à faire une part plus large à l'élément européen dans la composition des tribunaux, et à lui donner même la majorité ; mais la nomination devrait toujours appartenir au Vice-Roi. Le greffier et les huis-siers seraient également choisis parmi les Européens. Le Consul de la nation à laquelle appartiendrait l'Européen en cause pourrait exercer un droit de récusation péremptoire. Le tribunal civil pourrait connaître d'une partie des questions civiles de propriété.

Le Ministre du Vice-Roi a paru s'en rapporter à la fois à sa Note et aux ap-préciations de la Commission en ce qui concernait l'organisation de la justice criminelle, en insistant toutefois pour que, dès à présent, une action plus large et plus directe fût donnée au Gouvernement Égyptien pour réprimer les con-traventions et régulariser ainsi le service de la police locale.

La réponse aux reproches formulés dans la Note nous a été présentée par les diverses personnes entendues dans l'enquête, qui assurent qu'on exagère et qu'on généralise trop le mal, et surtout qu'on n'en indique pas la véritable cause. Ce mal tiendrait beaucoup plus aux vices de l'organisation administra-tive de l'Égypte qu'à l'immixtion des Consuls dans les affaires de leurs natio-naux.

Les capitulations ne seraient nullement violées, leur texte comme leur esprit seraient respectés ; seulement, en Égypte, comme dans toutes les Échelles, des usages se seraient établis pour la mise en pratique de leurs dispositions.

Au surplus, ces usages ne sont pas des abus, des actes arbitraires se modi-fiant avec les changements des chefs de chaque agence ; ce sont des usages anciens, généraux, permanents, reconnus par le Gouvernement Égyptien dans la pratique et dans divers documents officiels, ayant fait la base des législations promulguées par les nations européennes pour l'application des concessions qu'elles tenaient de la Porte.

L'indigène demandeur obtient justice des tribunaux consulaires français[1], et, s'il y a des Consulats qui exécutent moins rigoureusement et loyalement les traités, ce serait à l'Égypte à réclamer auprès des Gouvernements qu'ils représentent, en respectant les droits des nations dont les agents remplissent fidèlement les obligations résultant des traités.

En ce qui concerne spécialement les locations, des abus que la Commission a constatés motiveraient les modifications qu'elle propose; mais les explications échangées dans l'enquête ont établi que, si un grand nombre d'affaires sont restées longtemps sans solution, c'est que, au lieu d'agir en justice, les intéressés se bornent le plus souvent à réclamer auprès des Consuls le payement des loyers, et que ceux-ci n'ont pas le droit de contraindre leurs nationaux à effectuer ces payements sans condamnation préalable.

Ce n'est point une mauvaise administration de la justice qui a mis le Gouvernement Égyptien dans le cas de payer près de 92 millions. Rien n'a justifié pour la Commission l'exactitude de ce chiffre; des sommes plus ou moins importantes, dont le total nous est inconnu, paraissent en effet avoir été acquittées, mais les payements ont eu lieu par suite d'engagements pris et de transactions librement consenties par le Gouvernement, en dehors de toute action judiciaire. Si dans certaines affaires il s'est montré trop facile, les procès intervenus plus tard prouvent assez que ce résultat n'est pas dû à l'organisation judiciaire actuelle des tribunaux étrangers.

En ce qui concerne la police, on rappelle les documents que nous avons cités en nous occupant des juridictions criminelles pour établir le concours que l'Égypte reçoit des Consulats étrangers en ces matières.

Les impôts paraissent régulièrement acquittés par les Européens, et notamment par les Français, pour les propriétés rurales, même lorsqu'ils ont été doublés par le Gouvernement et lorsque leur perception a été devancée. Pour les propriétés urbaines, il n'en est pas de même, et des documents indiquent que, sur ce point, une réforme serait équitable; mais il faudrait, d'un autre côté, que l'impôt fût établi sur des bases justes de répartition, qu'il fût également appliqué et qu'il n'eût point pour résultat de soumettre l'Européen à des charges qui mettraient en péril son droit de propriété. Au surplus, cette matière doit rester étrangère à une organisation judiciaire, et s'il y a à faire quelque chose à cet égard, c'est dans l'organisation administrative et financière de l'Égypte qu'il faudrait y pourvoir.

Après avoir rappelé les principales réponses qui ont été faites, dans l'enquête,

[1] Il résulte, d'un état des jugements rendus au tribunal consulaire de France à Alexandrie dans des causes entre indigènes demandeurs contre Français, que, sur 70 affaires portées devant le tribunal, de janvier 1866 à septembre 1867, les indigènes ont vu leurs demandes accueillies dans 51 affaires, repoussées seulement dans 8. Des mesures préparatoires ayant été ordonnées dans les autres affaires, elles n'avaient pas encore été jugées en septembre 1867.

aux plaintes que renferme la Note égyptienne, la Commission doit faire connaître à Votre Excellence son opinion motivée sur les propositions du Gouvernement Égyptien; mais ce rapport serait incomplet si, auparavant, elle ne soumettait à votre appréciation, d'après les documents et l'enquête, diverses considérations fort graves, relatives à la situation de l'Égypte au point de vue de l'efficacité d'une réforme judiciaire; car ces considérations et ces faits doivent influer puissamment sur les déterminations, justifier bien des hésitations et prescrire une sage et prudente réserve.

### § 9. — SITUATION DE L'ÉGYPTE AU POINT DE VUE DE LA POSSIBILITÉ ET DE L'EFFICACITÉ DES RÉFORMES PROPOSÉES.

D'après un grand nombre de documents et la plupart des dépositions recueillies dans l'enquête, l'Égypte serait un pays d'une civilisation encore incomplète, où le mélange le plus divers de races, de mœurs, d'habitudes, de croyances religieuses, de situations sociales, rendrait l'uniformité de législation et de justice irréalisable.

Le pouvoir administratif et le pouvoir judiciaire n'y sont point séparés, et, dans la situation actuelle, une distinction entre eux, fût-elle écrite dans le texte des lois, ne passerait pas dans la pratique.

Est-il possible d'établir dans un pays une bonne organisation judiciaire sans une bonne organisation administrative, sans de sages institutions politiques, sans établir l'ordre dans les divers services publics?

Le Vice-Roi d'Égypte a un pouvoir sans limites. Il n'a d'autre règle que sa volonté, et cette volonté est sans obstacles. Tout plie et se courbe devant elle. Son autorité est tellement puissante et absolue, elle peut s'exercer d'une manière si directe et si arbitraire, qu'il est impossible d'attendre un fonctionnement satisfaisant d'une justice placée sous une pareille dépendance.

De plus le Vice-Roi est mêlé, à titre privé, à toutes les branches de l'activité sociale. Il possède une partie considérable du sol sur lequel s'exerce sa souveraineté. Il est agriculteur, industriel, commerçant, constructeur, etc.; à tous ces titres, nombre de plaideurs sont exposés à l'avoir pour adversaire patent ou dissimulé.

Si le caractère personnel du Chef actuel de l'État peut réparer des injustices et prévenir des abus, rien ne prémunit suffisamment contre ceux qui pourraient se produire sous ses successeurs, dans le cas où nous abandonnerions les seules garanties que nous donnent les traités, et où nous renoncerions aux concessions de juridiction qui nous ont été faites.

La pression du pouvoir dans les affaires de justice est d'autant plus à craindre, que les plus hauts fonctionnaires se trouvent également mêlés, di-

rectement ou indirectement, à la plupart des grandes entreprises qui servent
d'aliment au mouvement commercial et agricole du pays.

L'Égypte n'a ni administration régulière ni lois précises. Depuis quelques
années, elle voit se succéder des lois et des règlements toujours plus nombreux
mais toujours moins exécutés, parce que le Gouvernement y manque essentiellement d'esprit de suite; en sorte que l'on ne peut fonder sur ce qui existe,
non plus que sur ce qu'on projette, des espérances qui permettent de renoncer
à des droits acquis.

Les hommes appelés d'Europe pour diriger temporairement divers services publics ont été le plus souvent réduits à l'inaction et à l'impuissance, et
ont dû retirer un concours inutile.

D'un autre côté, les Européens qui se sont établis en Égypte et y ont
engagé des capitaux considérables l'ont fait sous la foi de traités et d'usages
qui leur offraient des garanties dont on ne saurait les priver.

Modifier ces garanties, les restreindre, serait entraver les transactions entre
les Européens et les indigènes, et replacer l'Égypte dans cet état d'impuissance
où elle se trouvait avant que l'élément européen y eût apporté la vie, l'activité et les principes de civilisation.

Les Gouvernements se sont montrés disposés à examiner diplomatiquement
les moyens de modifier la condition des étrangers en Turquie; mais le Cabinet
de Londres, qui paraîtrait vouloir faire les plus larges concessions, ne consent, en réalité, à entrer dans cette voie que lorsqu'il aura l'assurance de
garanties sérieuses et efficaces [1]. La plupart des personnes qui connaissent
l'Orient et l'Égypte, qui ont habité ces Pays dans des conditions diverses et
vu fonctionner les institutions qui les régissent, opposent un *veto* absolu à
toute modification aux capitulations et usages; les plus conciliants témoignent
une grande défiance et conseillent une extrême réserve.

A la nouvelle des projets de réforme, une émotion très-vive s'est répandue
en Égypte dans toute la Colonie européenne [2], et, pour employer le langage
même des dépêches, il y eu une véritable panique parmi les Européens, et
l'inquiétude est allée jusqu'à l'effroi [3].

---

[1] La dépêche de Lord Stanley au Colonel Stanton porte : « Les Puissances étrangères ont le droit
d'attendre que le nouveau système, quel qu'il soit, qui serait inauguré en Égypte, donne ample
sécurité à l'étranger plaidant devant le tribunal égyptien, contre une appréhension quelconque de
vénalité, d'ignorance et de fanatisme de ses juges. Elles ont le droit de s'attendre que la loi qui
doit être appliquée à l'étranger, demandeur ou défendeur, soit claire et patente à tous. »

[2] Rapport du Caire du 7 octobre 1867.

[3] Rapport d'Alexandrie du 9 octobre 1867. Ces mêmes appréhensions se retrouvent dans une
note du Président de la Chambre de commerce du Caire, portant la date du 20 octobre 1867, note
écrite au nom du commerce européen, sans distinction de nationalités.

## § 10. — EXAMEN DES PROPOSITIONS ÉGYPTIENNES ET AVIS MOTIVÉ DE LA COMMISSION.

Il ne nous reste plus qu'à faire connaître les appréciations de la Commission et à indiquer les raisons sur lesquelles elles s'appuient.

Il ne saurait être question de rien changer à la juridiction consulaire, en tant qu'elle statue sur les contestations qui s'élèvent entre Européens de même nation. Cette juridiction n'a donné lieu à aucune plainte. Le Gouvernement Égyptien ne songe ni à la contester ni à la restreindre. Ce privilége de juridiction est d'ailleurs garanti, pour la France, par un article de loi formel, qu'il serait nécessaire d'abolir, l'article 2 de l'Édit de juin 1778.

Si cet article, déjà cité dans notre rapport, est tombé en désuétude dans les Pays de chrétienté, où le pouvoir des Consuls sur leurs nationaux est très-restreint ou méconnu, il conserve force et vigueur dans le Levant et, ainsi que nous l'avons déjà dit, application en a été faite récemment encore par la cour d'Aix.

L'Égypte ne paraît pas davantage désireuse, quant à présent du moins, d'attirer à elle le jugement des procès qui surviennent entre étrangers de nationalités différentes. La matière étant ici placée sous l'empire de la maxime *actor sequitur forum rei*, l'application de cette maxime, comme on l'a dit plus haut, donne naissance à beaucoup de difficultés et d'inconvénients : — multiplicité des juridictions déterminée par la présence au procès de plusieurs défendeurs de nations différentes, et pouvant amener une contradiction dans les décisions ; — incertitude de la juridiction elle-même, et, par suite, incertitude des principes sous l'empire desquels le procès sera jugé ; — complication résultant de ce que le juge de la demande principale se trouve incompétent pour connaître de la demande reconventionnelle, etc., etc.

Sans entrer dans l'examen de ces difficultés, qui ne nous sont pas soumises, mais qui ne pouvaient échapper à notre attention, nous pensons qu'il pourrait y être paré, en partie, par l'insertion dans les contrats d'une clause compromissoire déterminant d'avance la juridiction. Il y aurait lieu, alors, de pourvoir à ce que cette clause fût déclarée valide. Nous exprimons donc le vœu que les Puissances s'entendent entre elles en vue de concerter une mesure propre à diminuer le plus possible les inconvénients qui naissent de l'état de choses actuel.

Quant au régime auquel sont soumises les contestations entre indigènes et Européens, il est un point que les détails dans lesquels nous sommes entrés rendent désormais inattaquable et au-dessus de toute controverse, c'est que, si ce régime est susceptible d'amélioration, à quelque point de vue que l'on se place, il n'a rien d'abusif, que la situation qui l'a créé est normale, qu'elle découle de la lettre des traités, de leur esprit ou de la force des choses.

Un autre point dès à présent bien établi, c'est que le mal résultant de cette situation n'est ni ce qu'on le fait, ni là où on veut le voir, et que, si quelqu'un peut s'en plaindre, ce sont moins les indigènes que les étrangers. Sans nier l'efficacité des bonnes institutions, elles auraient peu de prise, on peut le craindre, sur un mal qui tient surtout à l'état des mœurs, à l'antagonisme des religions, toutes choses qui échappent à l'action directe des lois.

Enfin, répétons-le, les réformes proposées par le Vice-Roi, si elles ont rencontré quelques rares partisans, sont accueillies avec une défiance extrême, et à peu près universelle.

La justice que l'autorité égyptienne a essayé de constituer jusqu'à présent est déplorable. Ainsi qu'il a été dit plus haut, nul Européen ne consentirait à plaider devant les tribunaux purement musulmans. Les étrangers ne sont jamais sûrs du sort qui les attend même devant les tribunaux mixtes.

La majorité fût-elle donnée à l'élément européen, du jour où les juges seraient à la discrétion du Souverain, conserveraient-ils leur indépendance? Il ne faut pas oublier qu'ils siégeraient dans un milieu où les fonctionnaires sont, à chaque instant, assaillis par des influences de toute sorte, même les moins avouables. Puis, comment les recruter? Comment s'assurer qu'ils présentent, nous ne dirons pas toutes les garanties désirables, mais l'aptitude et la probité qui les rendent acceptables? On offre, il est vrai, de les prendre sur l'indication des Gouvernements étrangers. Si, à cet égard, nous pouvons avoir confiance dans les choix de la plupart des Gouvernements européens, qui répond que les mêmes précautions seront prises partout et en tout temps? Encore est-il bon d'ajouter que ceux qui s'expatrient ne sont pas en général ceux dont les vertus et la situation pourraient le mieux les prémunir contre tant de dangers réunis.

Tel est l'écho bien affaibli des préoccupations qui ont surgi au sein de la Colonie européenne, à la nouvelle des négociations entreprises par l'Égypte en vue de constituer un ordre judiciaire. Ses alarmes sont si grandes que, si elle était consultée, on la trouverait manifestement disposée à maintenir le *statu quo*, quelque défectueux que l'aient rendu les procédés de quelques Consulats et surtout la justice locale. Au moins par l'application de la maxime *actor sequitur forum rei*, est-elle assurée d'obtenir justice toutes les fois que, par les hasards de la procédure, la cause se trouve portée devant un Consul soucieux des intérêts de ses nationaux. Et cette justice, les indigènes l'obtiennent aussi bien que les Européens.

Mais il faut convenir que peut-être les Consulats n'offrent pas tous les mêmes garanties. Il en est contre lesquels les plaintes sont unanimes. De là des dénis de justice qui atteignent aussi bien les sujets du Vice-Roi que les résidents étrangers.

Cette considération, jointe à la bienveillance reconnue du Gouvernement Français envers l'Égypte, ne permettait pas que la proposition du Vice-Roi fût péremptoirement écartée. D'un autre côté, cependant, l'expérience du passé, la connaissance du présent, les justes inquiétudes que peut inspirer l'avenir, la sollicitude pour nos nationaux, ce qu'il peut y avoir de fondé dans leurs alarmes, tout doit interdire de les dépouiller, quant à présent, des garanties qui les protègent. Accepter du Gouvernement Égyptien ce qui est compatible avec ces garanties, l'aider à marcher dans la voie du progrès sans compromettre la situation de ceux auxquels une protection spéciale est due, tel est le but qu'on doit se proposer, et cela dans l'intérêt de l'Égypte elle-même. Car, du jour où les capitaux européens qui y ont apporté la prospérité n'y trouveraient plus des garanties suffisantes, ils se retireraient, et l'Égypte rentrerait dans l'état où elle était avant que l'Europe y eût développé la civilisation et l'activité.

Aussi devons-nous déclarer tout d'abord qu'il nous a paru impossible de songer à des concessions définitives et générales. Il doit être bien entendu d'ailleurs que tout ce qui sera proposé plus bas, sur certains points spéciaux, soit à titre de simple conseil, soit comme condition du consentement à des changements dans l'état actuel, est proposé à titre d'expérience, avec stipulation de retour au passé, si cette expérience ne justifie pas les espérances qu'elle a fait concevoir.

C'est sous l'empire de cette idée qu'ont été examinées les propositions faites au nom du Gouvernement Égyptien, et par là on doit entendre celles qui ont été verbalement apportées par Nubar-Pacha au sein de la Commission et spontanément substituées par lui à celles que contenait son Mémoire.

Ces propositions, dont le détail a été donné plus haut, peuvent, en ce qui concerne les matières civiles et commerciales, se résumer ainsi :

1º Constituer deux tribunaux civils et deux tribunaux de commerce, l'un au Caire, l'autre à Alexandrie, sur une base mixte, en donnant la majorité aux Européens, avec des magistrats choisis par le Vice-Roi parmi des candidats qui lui seraient indiqués par les Gouvernements européens.

2º Au besoin, ne constituer que deux tribunaux, l'un au Caire et l'autre à Alexandrie, sur les mêmes données et avec les mêmes éléments, tribunaux qui jugeraient à la fois les matières civiles et commerciales.

3º Dans tous les cas, établir au-dessus d'eux et dans les mêmes conditions une cour d'appel, à laquelle seraient déférés les jugements rendus en première instance.

4º Devant ces tribunaux, on accorderait aux parties un droit de récusation, et, à ces conditions, toutes les causes entre indigènes et étrangers devraient y être portées, quel que fût le demandeur ou le défendeur, ce qui revient à dire que, pour ce qui les concerne, les Européens renonceraient à l'application de la maxime *actor sequitur forum rei*.

Dans ces propositions, il est certains points qui peuvent être admis sans difficulté : 1° la majorité donnée aux Européens dans la composition des tribunaux, condition essentielle pour que ces tribunaux soient éclairés et impartiaux; 2° les deux degrés de juridiction, garantie éprouvée de bonne justice; 3° la récusation, dont tout le monde paraît s'accorder à attendre un bon effet.

Il convient également de dire tout de suite que, l'option étant offerte entre quatre tribunaux, deux civils et deux de commerce, et deux tribunaux jugeant à la fois les procès civils et commerciaux, nous estimons que la préférence doit être donnée à la combinaison la plus simple, et que deux tribunaux suffisent.

Quant aux autres parties de la proposition, tant en ce qui concerne la composition du tribunal que sa compétence, elles appellent de notre part les plus sérieuses critiques.

Une des préoccupations du Gouvernement Égyptien, en constituant sa justice, paraît être de la dégager autant que possible de l'influence consulaire. « Pas d'immixtion des Puissances étrangères, » nous a dit Nubar-Pacha, « Justice rendue au nom du Gouvernement, et par des juges nommés par le Gouvernement. »

La susceptibilité que montre le Vice-Roi est légitime et l'honore. Il faut savoir y donner la satisfaction qu'elle comporte dans l'état présent des choses. Que la justice des tribunaux égyptiens soit rendue au nom du Vice-Roi et par des juges qui reçoivent de lui leur investiture, rien de plus naturel; mais vouloir dégager complétement ces tribunaux de tout contact, de tout lien consulaire, il n'y faut pas songer. Ce serait les discréditer dès le premier jour. A tort ou à raison, la justice égyptienne est suspecte aux Européens. Si la Colonie ne pouvait pas la voir elle-même à l'œuvre, et de près, cette justice, fût-elle rendue par des Européens, serait vite délaissée. Or, quel meilleur moyen de l'approcher peut-elle avoir que d'y participer par l'élection? Notre avis serait, dès lors, qu'au lieu de constituer et de créer des tribunaux nouveaux de toutes pièces, on se servît de ceux qui existent déjà, en les améliorant. Dans ce système, les tribunaux de commerce du Caire et d'Alexandrie fourniraient leur contingent électif dans la personne des notables choisis pour concourir à sa composition. Pour rendre ces tribunaux aptes à juger les matières civiles et, en général, les questions de droit, on y adjoindrait des magistrats européens nommés par le Vice-Roi et dont la présence aurait le double avantage d'assurer la majorité aux Européens et d'y faire pénétrer les lumières juridiques. Il suit de là que, dans notre pensée, les tribunaux de première instance égyptiens devraient se composer de trois éléments : un élément indigène, à la tête duquel figurerait le président; un élément européen fixe dans la personne des magistrats nommés, et un élément européen électif, recruté dans la Colonie par les procédés employés pour la composition des tribunaux de commerce actuels.

La souveraineté du Vice-Roi n'en serait point amoindrie. En donnant l'investiture aux juges élus, Son Altesse se trouverait dans la même situation que le Chef du Gouvernement Français à l'égard des tribunaux de commerce de France. Ces juges rempliraient, au surplus, vis-à-vis des Européens en Égypte, le même office que les assesseurs musulmans auprès des tribunaux français d'Algérie dans les causes qui intéressent les indigènes. La garantie qui a paru bonne en Algérie pour les indigènes ne peut pas être mauvaise pour les étrangers en Égypte.

La cour d'appel devrait être constituée sur la même base, avec un personnel plus nombreux. Mais les juges élus ne nous paraissent pas y être moins nécessaires que les assesseurs qui, dans l'organisation de la justice algérienne, figurent aussi bien en appel qu'en première instance.

Le choix des juges que l'on ferait venir d'Europe a vivement préoccupé la Commission. Ce choix appartient naturellement au Gouvernement Égyptien; mais comment sera-t-il éclairé? Le soin de le guider dans sa recherche devrat-il être indifféremment abandonné à tous les Gouvernements qui ont des Représentants en Égypte? On aperçoit tout de suite les abus d'un tel système. D'après ce qui nous a été déclaré, Son Altesse elle-même ne songerait à s'adresser qu'aux six principales Puissances européennes. Dans cette hypothèse, on est amené à se demander quel sera le caractère de leur intervention. Il a paru à la Commission qu'elle devait être purement officieuse. Les juges seraient simplement indiqués par les Gouvernements auxquels on doit faire appel. De cette manière, toute ingérence officielle qui pourrait offenser la dignité du Gouvernement Égyptien serait évitée, et la surveillance de l'Europe serait suffisamment assurée par la faculté qu'auraient toujours les Puissances de refuser l'autorisation de prendre du service en Égypte à ceux qui ne leur paraîtraient pas dignes d'y rendre la justice.

Une des premières nécessités qui s'imposeraient au tribunal ainsi établi serait la reconstitution et l'organisation d'un greffe, car cette institution est si défectueuse aujourd'hui qu'elle n'existe pour ainsi dire que de nom. Afin de mieux assurer l'action disciplinaire et la surveillance du tribunal, il nous paraît que la nomination du greffier, ainsi que celle des employés du greffe, des huissiers et des interprètes, devait lui appartenir.

En ce qui concerne la compétence, se désister complétement, en faveur de la justice égyptienne, de l'application de la maxime *actor sequitur forum rei*, dessaisir les Consuls de toutes les causes où figure un indigène, est manifestement impossible. Ce serait semer partout l'alarme et tout compromettre. Cette maxime est, pour les intérêts européens, un bouclier dont il serait aussi dangereux pour l'Egypte que pour eux de les désarmer. Dans la situation présente, la règle suivie ne nous a paru susceptible que de deux exceptions.

La première ne souffre aucune difficulté. Elle consisterait à permettre aux parties, en toute matière, de consentir à être jugées par le tribunal égyptien, ce qui pourrait être fécondé par des clauses compromissoires, dont la validité, par exception au droit commun, serait reconnue.

Il nous a semblé également possible d'attribuer au tribunal égyptien la connaissance, quel que soit le demandeur ou le défendeur, de toutes les contestations entre étrangers et indigènes qui naissent des contrats de bail à loyer ou à ferme.

Cette seconde exception se justifie par des raisons faciles à comprendre. Les difficultés qu'engendrent les baux demandent, en général, à être jugées promptement, et elles souffrent presque toujours de l'obligation d'aller chercher des juges au loin lorsque la partie condamnée veut se prévaloir du droit d'appel. D'un autre côté, ces procès ne sortent pas d'une limite restreinte. Souvent ils ne roulent que sur une somme minime, et presque jamais ils n'engagent la fortune du plaideur.

L'attribution de ces procès à la justice égyptienne lui assure une compétence considérable. Il est permis d'espérer qu'elle saura en user de manière à faire cesser les plaintes légitimes des propriétaires.

Quant à la validité, par exception, de la clause compromissoire, elle a un précédent dans la législation qui régit les musulmans en Algérie. (Voir décret du 13 décembre 1866.) Cette clause permettra d'apprécier le degré de confiance qu'inspireront les tribunaux à instituer, puisque évidemment, offrant un moyen d'obtenir une plus prompte et moins coûteuse solution, on se portera vers eux pour peu qu'on en attende une bonne justice.

Le tribunal demeurera compétent, dans tous les cas, lorsque l'indigène sera défendeur, et sa compétence sera étendue aux affaires civiles que la présence de magistrats et de juristes lui permettront d'apprécier.

Il ne sera fait exception que pour les matières qui doivent être décidées par application de la loi religieuse à l'égard des musulmans, et par les règles du Statut personnel à l'égard des Européens, lesquelles matières continueraient d'être portées aux tribunaux auxquels elles appartiennent, soit par action principale, lorsqu'elles forment l'objet direct du procès; soit incidemment et par exception préjudicielle, lorsqu'elles naissent au cours de l'instance.

L'état des mœurs et des habitudes en Orient ne permet pas que les jugements soient exécutés contre les Européens hors de la présence des Consuls. Mais il sera bien entendu que, se bornant à empêcher que l'Européen soit molesté dans sa personne et dans ses biens, le Consul fera en sorte d'assurer l'exécution de la sentence, et ne pourra l'entraver ni par inertie ni autrement.

Les jugements du tribunal mixte égyptien sont aujourd'hui rendus en arabe. Nous demandons expressément que, dans la nouvelle organisation, ils soient rendus en arabe et en français. Il en résultera des facilités et un moyen de contrôle qui n'est pas inutile.

Le Gouvernement Égyptien saura apprécier, sans doute, l'étendue et l'importance des concessions qui lui sont faites.

En effet, d'une part, en raison de leur composition actuelle et de la manière dont ils se recrutent, les tribunaux mixtes ont aujourd'hui un caractère plutôt international qu'égyptien. Les réformes que nous proposons feraient rentrer le tribunal tout entier dans la main du Vice-Roi, puisque, sans cesser d'être désignée par les colonies étrangères, c'est du Vice-Roi que la portion élective des juges tiendrait ses pouvoirs légaux, au moyen de l'investiture.

D'un autre côté, les seules causes portées aujourd'hui devant le tribunal mixte sont celles dans lesquelles l'indigène figure comme défendeur. Il est interdit aux Européens, par leurs Consuls, en conformité des usages, de s'y laisser traduire lorsqu'ils sont défendeurs eux-mêmes. Par les concessions ci-dessus, cette prohibition se trouve levée. Tout défendeur européen qui y consentira ou qui l'aura acceptée d'avance devra se soumettre à la juridiction égyptienne. De plus, c'est à cette juridiction qu'appartiendra exclusivement la connaissance des contestations naissant du contrat de bail, que l'Européen y figure comme demandeur ou comme défendeur.

Enfin, dans l'état actuel, les Consuls se refuseraient à laisser exécuter un jugement émané du tribunal mixte qui condamnerait un Européen. Par les propositions ci-dessus, ce droit de *veto* est abandonné; si le Consul doit encore concourir à l'exécution, ce n'est qu'afin de mieux l'assurer.

Il y a plus, toutes ces concessions, avons-nous dit, sont provisoires et ne sont faites qu'à titre d'essai. Non-seulement il dépend de l'Égypte qu'elles soient rendues définitives, mais encore elles peuvent devenir le point de départ de concessions nouvelles et plus larges. Que l'expérience que l'on tente réussisse, que les tribunaux égyptiens rendent bonne justice, à coup sûr l'Europe n'hésitera pas à augmenter leur compétence, et à se dessaisir d'une nouvelle part de ses priviléges pour les restituer à un Gouvernement qui aurait fait un aussi heureux usage de son autorité.

Alors aussi pourront être examinées les diverses propositions faites par l'Égypte relativement à la justice criminelle; car, pour le moment, de son propre aveu, tout ce qui touche au jugement des crimes et délits doit être ajourné. Les explications fournies dans le cours de cet exposé dispensent la Commission d'entrer ici dans des détails; mais elle tient à constater que l'inconvénient réel qui résulte du morcellement des juridictions a son correctif dans une institution dont il serait à désirer qu'on se servît davantage. Nous voulons parler du tribunal consulaire arbitral, auquel a été conféré le droit d'expulsion contre les étrangers et qui peut toujours remédier, en pareille matière, à l'incurie de certains Consulats.

En dehors de ce point, notre seule préoccupation a dû être de renforcer l'action de la police égyptienne, et, dans ce but, nous n'hésitons pas à conseiller d'attribuer au juge local la connaissance des simples contraventions définies par le Code pénal promulgué en Turquie. Il suffirait de s'y reporter. Le jugement pourrait en être confié à une délégation de deux juges faite par le tribunal, l'un remplissant les fonctions de juge, l'autre de ministère public. Toutefois, comme la plupart des contraventions à réprimer résulteraient d'infractions à des règlements de police locale, il serait indispensable que, préalablement à leur mise en vigueur, ils fussent portés à la connaissance des Consuls par les soins de l'autorité égyptienne.

L'exécution des jugements prononçant peine d'emprisonnement devrait avoir lieu dans les prisons consulaires. Les Consuls conserveraient, en outre, le droit de poursuivre eux-mêmes, devant les tribunaux de leur nation, les infractions qui seraient commises aux arrêtés qu'ils ont le droit de prendre pour la police de leurs nationaux.

Une dernière garantie nous paraît utile à maintenir. Toutes les fois qu'un étranger sera traduit, à quelque titre que ce soit, devant un tribunal égyptien, il pourra se faire assister par le drogman de son Consulat.

Il ne serait pas moins indispensable, afin d'éviter toute équivoque, de déterminer le territoire sur lequel s'étendrait la juridiction de chacun des tribunaux du Caire et d'Alexandrie. En dehors de ces territoires et partout où il ne serait pas créé une organisation semblable, il serait déclaré que l'état de choses actuel est maintenu.

Quelque respectable que soit un jugement, quelque utilité qu'il y ait à l'obtenir, il ne vaut que par son exécution; et c'est cette exécution qui est surtout difficile à obtenir en Orient. Or, c'est précisément le point dont on s'est le moins préoccupé dans les divers projets de réformes. Il serait à souhaiter que l'on déterminât d'une manière précise les diverses voies d'exécution dont les jugements sont susceptibles et les règles qui doivent y présider, en ayant soin qu'elles soient conformes à la fois aux exigences de la localité et aux ménagements qu'elles comportent chez les nations civilisées. Cette réforme serait surtout urgente en matière de baux, et nous la recommandons avec une insistance particulière. Nous estimons même qu'il n'y aurait lieu d'accorder la connaissance des procès en matière de baux à la justice égyptienne qu'autant que ce point spécial aurait été préalablement réglementé.

Enfin, après avoir pourvu au présent, il resterait à assurer l'avenir. Si l'exercice d'une bonne justice suppose une bonne loi, elle ne suppose pas moins une magistrature capable de l'interpréter. Or l'Égypte n'offre aujourd'hui à cet égard qu'un dénûment complet, qu'elle avoue. Fonder des écoles où la science des lois serait enseignée, envoyer des jeunes gens en Europe pour s'y familiariser avec l'étude du droit, préparer ainsi une pépinière où se recruteraient des juges dignes de ce nom, devient un devoir étroit pour le Gouvernement Égyptien, s'il veut réellement rendre viables les institutions qu'il projette. Dans l'état actuel des choses, la plupart des juges indigènes ne figurent dans les prétoires de justice que pour l'honneur du principe. On voudrait pouvoir compter sur leur impartialité; personne n'a foi en leurs lumières.

## § 11. — RÉSUMÉ DE L'AVIS DE LA COMMISSION.

Telles sont, Monsieur le Ministre, les opinions auxquelles, après mûr examen, la Commission a cru devoir s'arrêter, et qui lui ont été inspirées autant par l'intérêt bien entendu de l'Égypte que par la sollicitude due à nos nationaux. En voici le résumé :

1° Maintien de la juridiction civile des Consuls sur leurs nationaux.

2° Maintien de la règle adoptée pour le jugement des contestations entre étrangers de nations différentes. Vœu exprimé qu'il soit paré autant que possible aux inconvénients auxquels l'application de cette règle donne lieu, par l'adoption de la clause compromissoire, et que les Gouvernements s'entendent entre eux pour arriver à une mesure qui diminuerait encore le mal.

3° Pour ce qui regarde les procès entre étrangers et indigènes, abandon partiel, au profit de la justice égyptienne, de la maxime *actor sequitur forum rei*, dans la mesure et aux conditions suivantes :

*a.* Les tribunaux mixtes égyptiens seraient reconstitués de manière à assurer la majorité aux Européens; dans ce but on y introduirait des juges européens qui seraient nommés par le Vice-Roi, sur la simple désignation de leurs Gouvernements.

Ces tribunaux de première instance se trouveraient ainsi composés de trois éléments : un élément indigène, à la tête duquel figurerait le président; un élément européen fixe, composé de jurisconsultes, et un élément électif, recruté comme il l'est aujourd'hui.

*b.* Il serait établi une cour d'appel sur la même base avec un personnel plus nombreux, à laquelle les décisions de première instance pourraient être déférées.

*c.* L'élément électif recevrait l'investiture du Vice-Roi.

*d.* Le droit de récusation serait accordé aux plaideurs.

*e.* Les tribunaux à instituer devraient s'occuper de l'organisation d'un greffe. Les greffiers, ainsi que les employés du greffe, les interprètes et les huissiers seraient nommés par le tribunal et placés sous sa surveillance.

*f.* Les Consuls seraient appelés à l'exécution des jugements rendus contre les Européens et devraient concourir à cette exécution.

*g.* Les sentences seraient rédigées en arabe et en français.

*h* Faculté pour l'étranger, toutes les fois qu'il figure à un titre quelconque devant un tribunal égyptien, d'être assisté par un drogman de son Consulat.

Dans ces conditions le tribunal connaîtrait de toutes les affaires civiles et commerciales où l'indigène serait défendeur. Il ne serait fait exception que pour les matières qui ressortissent de la loi religieuse ou du statut personnel.

Le tribunal connaîtrait, en outre, de tous les procès qui lui seraient déférés par les parties, soit qu'elles en convinssent à l'instant même, soit qu'elles eussent d'avance accepté sa juridiction dans une clause compromissoire. On lui attribuerait enfin la connaissance de toutes les questions qui naissent des contrats de bail à ferme et à loyer, quel que fût le demandeur ou le défendeur.

4° Maintien du *statu quo* en matière criminelle pour tout ce qui concerne le jugement des crimes et délits.

5° Attribution exclusive à la justice égyptienne de la poursuite et de la répression des contraventions de simple police, en réservant aux Consuls le droit de poursuivre devant le tribunal de leur nation les infractions commises à leurs propres arrêtés.

6° Détermination du territoire sur lequel s'étendront les juridictions des tribunaux du Caire et d'Alexandrie. En dehors de ce territoire, maintien de ce qui existe.

7° Vœu que l'exécution des jugements soit réglementée, que la législation soit complétée et qu'un système d'étude du droit soit organisé.

8° Enfin, dominant tout ce qui précède, stipulation expresse de la clause résolutoire, c'est-à-dire droit de revenir à l'état de choses actuel, si la nouvelle organisation ne produisait pas les résultats qu'on peut légitimement en attendre.

Veuillez agréer, Monsieur le Ministre, les assurances du respect avec lequel nous avons l'honneur d'être,

de Votre Excellence,

les très-humbles et très-obéissants serviteurs,

E. DUVERGIER, *Président de section au Conseil d'État, Président de la Commission;*

C. TISSOT, *Sous-Directeur des travaux politiques au Ministère des Affaires étrangères;*

MAX. OUTREY, *Agent et Consul général de France en Egypte;*

SAUDBREUIL, *Procureur général près la Cour impériale d'Amiens;*

FÉRAUD-GIRAUD, *Conseiller à la Cour impériale d'Aix.*

Paris, le 3 décembre 1867.

M. le Marquis DE MOUSTIER, Ministre des Affaires étrangères,
à M. le Prince DE LA TOUR D'AUVERGNE, Ambassadeur de
France à Londres [1].

Paris, le 28 mai 1868.

Prince, le Gouvernement du Vice-Roi, comme vous le savez, s'est
adressé aux principales Puissances européennes dans le but d'obtenir
leur assentiment à une réforme des institutions judiciaires actuellement appliquées en Égypte.

Dès que nous avons été saisis, en ce qui nous concerne, des propositions de S. A. Ismaïl-Pacha, nous les avons soumises à l'examen
d'une Commission spéciale instituée par mes soins. Le résultat de ce
travail a été consigné dans le rapport dont vous trouverez un exemplaire
ci-annexé, et que nous avons immédiatement communiqué, à titre
officieux, au Gouvernement Égyptien.

Agréez, etc.

Signé MOUSTIER.

---

LE MINISTRE DES AFFAIRES ÉTRANGÈRES
à l'Ambassadeur de France à Londres.

Paris, le 8 juillet 1868.

Prince, l'Ambassadeur de la Reine, comme vous le supposiez, a été
invité par Lord Stanley à me remettre, au sujet des réformes projetées
dans le système judiciaire actuellement en vigueur en Égypte, la communication dont vous trouverez ci-joint copie. Ainsi que vous le verrez,
le Cabinet de Londres envisage l'ensemble de la question au point de
vue auquel nous nous sommes placés nous-mêmes et n'admet pas plus
que nous, contre les prétentions dont Nubar-Pacha s'était fait l'inter-

[1] Une dépêche identique a été adressée aux Représentants de l'Empereur à Vienne, Saint-
Pétersbourg, Berlin et Florence.

prête, que les capitulations primitives constituent la seule base légale
de l'organisation judiciaire égyptienne, à l'exclusion des stipulations
ou des usages qui les ont ultérieurement modifiées et développées.
Nous nous étions attachés à faire prévaloir le principe contraire comme
la condition de toute réforme dans l'organisation de la justice en
Égypte; nous nous félicitons de voir le Gouvernement Anglais en faire
également la base essentielle des modifications projetées et le point de
départ de l'enquête internationale que le Vice-Roi demande aujourd'hui.

Agréez, etc.

Signé MOUSTIER.

---

Lord STANLEY, Principal Secrétaire d'État de S. M. Britannique
pour les Affaires étrangères,
à Lord LYONS, Ambassadeur d'Angleterre à Paris.

(TRADUCTION.)

Foreign-Office, le 30 juin 1868.

Milord, le Gouvernement Français a exprimé à différentes reprises
un vif désir d'être instruit des idées du Gouvernement de Sa Majesté
sur les conclusions auxquelles la Commission réunie dernièrement à
Paris au sujet des réformes judiciaires en Égypte était arrivée, dans
son rapport du 3 décembre dernier, lequel m'a été communiqué à
titre confidentiel par le Prince de La Tour d'Auvergne.

J'ai différé ma réponse jusqu'à ce jour, désireux tout d'abord de
connaître l'opinion des Avocats de la Couronne sur la question générale, et maintenant que j'ai cette opinion sous les yeux, je ne suis pas
préparé pour le moment à dire autre chose, sinon que le Gouvernement
de Sa Majesté considère le rapport des Commissaires français comme
offrant des matériaux précieux qui faciliteront grandement l'enquête de
la Commission internationale que l'on instituera, et que, bien que le
Gouvernement de Sa Majesté ne puisse prendre sur lui d'accepter en
tous points les conclusions de la Commission, il consent pleinement à

ce qu'elles fournissent aux délibérations de la Commission internationale une base sur laquelle la discussion pour l'adoption d'un nouveau système de procédure judiciaire en Égypte pourrait d'abord au
moins s'engager.

Dans la conversation que j'ai eue, il y a quelques semaines, avec
Nubar-Pacha, celui-ci a beaucoup insisté sur la nécessité d'adhérer par
la suite aux termes mêmes des capitulations, à l'exclusion des usages
qui se sont développés à côté d'elles. Je me propose de faire savoir à
Nubar-Pacha que le Gouvernement de Sa Majesté ne peut souscrire à
cette doctrine.

Il peut exister des usages si anciens et si bien établis, qu'ils ont un
droit acquis à être considérés comme faisant corps avec les capitulations, du consentement général, et à être traités comme aussi obliga-
toires que celles-ci, tandis qu'il peut y en avoir d'autres qui, par suite
de différentes circonstances qui s'y rattachent, ne peuvent pas mériter
autant de déférence. Le Gouvernement de Sa Majesté ne peut, dis-je,
consentir à mettre entièrement de côté les usages; il n'a pas, toutefois,
la prétention de décider lesquels doivent être maintenus, et lesquels
doivent être écartés, et il préfère remettre le soin de cette décision
à la Commission internationale, qui sera plus en état de résoudre la
question.

Votre Excellence est autorisée à donner copie de cette dépêche à
M. de Moustier.

Je suis, etc.

Signé STANLEY.

M. le Marquis DE LA VALETTE, Ministre des Affaires étrangères,
à l'Ambassadeur de France à Londres [1].

Paris, le 14 avril 1869.

Prince, le Gouvernement du Vice-Roi, comme vous le savez, s'est

[1] Une dépêche identique a été écrite à Vienne, à Saint-Pétersbourg, Berlin et Florence.

adressé aux principales Puissances européennes dans le but d'obtenir leur assentiment à une réforme des institutions judiciaires actuellement appliquées en Égypte. Vous connaissez également le résultat auquel a abouti, en ce qui nous concerne, l'examen des propositions confié par mon prédécesseur à une Commission spéciale dont le rapport a été communiqué au Gouvernement de Sa Majesté Britannique.

A la suite de longs pourparlers engagés sur cette question, le Vice-Roi, abandonnant ses premières conclusions, s'est borné à exprimer le désir qu'une Commission internationale se réunît à Alexandrie pour y procéder à une enquête sur l'état actuel de l'organisation judiciaire en Égypte, et indiquer les améliorations qui pourraient y être apportées.

A la suite d'un entretien qu'il avait eu avec moi à ce sujet, et dont il avait rendu compte à son Gouvernement, Lord Lyons a reçu de Lord Clarendon la dépêche que vous trouverez ci-jointe en copie.

Ainsi que vous le verrez, le Cabinet de Londres se déclare prêt à envoyer un délégué à la Commission internationale que le Gouvernement du Vice-Roi propose de constituer à Alexandrie, et il considère le rapport de la Commission française comme pouvant servir de base aux travaux qui se poursuivront en Égypte sur cette matière spéciale. Le Principal Secrétaire d'État indique enfin, en termes généraux, les instructions dont les délégués devraient être munis, ainsi que le caractère purement consultatif des conclusions auxquelles aboutirait ce nouvel examen de la question.

Nous donnons notre approbation au projet du Cabinet de Londres, et, en faisant connaître dès à présent notre manière de voir aux Gouvernements avec lesquels nous ne nous étions pas prononcés jusqu'ici sur la question des réformes judiciaires, nous ne négligerons rien pour arriver à une entente dans les termes indiqués par la dépêche de Lord Clarendon.

Agréez, etc.

Signé LA VALETTE.

Le Comte DE CLARENDON, Principal Secrétaire d'État de S. M. Britannique pour les Affaires étrangères,
à Lord LYONS, Ambassadeur d'Angleterre à Paris.

(*TRADUCTION*).

Foreign-Office, 31 mars 1869.

Milord, j'ai reçu votre dépêche du 16 mars, de laquelle il résulte que le Gouvernement Français est prêt à envoyer un délégué à la Commission internationale que l'on se propose de réunir à Alexandrie pour examiner la question des réformes judiciaires en Égypte, mais qu'il désire arriver à une entente avec le Gouvernement de Sa Majesté au sujet des instructions à donner aux délégués Français et Anglais.

Votre Excellence exposera à M. de La Valette que le Gouvernement de Sa Majesté est très-flatté du désir exprimé par le Gouvernement Impérial d'agir de concert avec lui dans une affaire qui touche de si près aux intérêts de leurs sujets respectifs en Orient, mais qu'il éprouve quelque embarras à définir à l'avance les limites dans lesquelles l'enquête ouverte à Alexandrie devra se renfermer, ou à poser des règles de conduite pour les membres Anglais de la Commission, ces règles pouvant se trouver insuffisantes ou, au contraire, dépasser les besoins de la cause.

Lord Stanley, dans sa dépêche du 30 juin, déclarait à Votre Excellence que, bien que le Gouvernement de Sa Majesté ne pût pas s'engager à accepter sous tous les rapports les conclusions de la Commission qui a été instituée par le Gouvernement Impérial pour examiner la question, il consentait très-volontiers à ce que ces conclusions formassent des bases dans l'enquête qui s'ouvrirait à Alexandrie; et que, quant aux usages actuellement établis qui ont pris naissance à l'ombre des capitulations, il n'était pas préparé à les mettre entièrement de côté, ni à statuer d'avance sur ceux qu'il faudrait maintenir ou qu'il faudrait rejeter.

Le Gouvernement de Sa Majesté pense qu'on ne peut donner aux délégués des différentes Puissances que des instructions conçues dans les termes les plus généraux. Une fois munis de ces instructions, ces derniers auraient d'abord à demander aux délégués Égyptiens quelles sont les imperfections dans le système judiciaire que le Gouvernement du Vice-Roi cherche à corriger, et quels sont les moyens qu'il propose pour y porter remède. Les délégués des Puissances chrétiennes vérifieraient la valeur des plaintes émises par le Gouvernement Égyptien contre le système actuel, et ensuite la possibilité pratique et la sécurité du nouveau système qu'il demande à établir; et, si les mesures qu'il propose ne leur paraissaient pas satisfaisantes, ils indiqueraient collectivement ou séparément de quelle manière on pourrait les modifier.

La discussion terminée, les délégués feraient connaître à leurs Gouvernements leur opinion sur les conclusions que la Commission internationale aurait adoptées, et ce serait aux Gouvernements eux-mêmes à les accepter, à les modifier ou à les rejeter entièrement.

Votre Excellence donnera copie de cette dépêche à M. de La Valette.

Je suis, etc.

Signé CLARENDON.

---

LE MINISTRE DES AFFAIRES ÉTRANGÈRES
   à M. POUJADE, Consul général de France à Alexandrie.

Paris, le 22 avril 1869.

Monsieur, vous savez que Nubar-Pacha est revenu à Paris avec la mission de m'entretenir de la question des institutions judiciaires en Égypte. Il n'a pas insisté avec moi sur les propositions formulées d'abord par lui au nom du Vice-Roi. Renonçant à préjuger les conditions de l'entente à intervenir entre les Puissances, il s'est borné à demander que la Commission internationale dont il a été question se réunît

à Alexandrie pour y procéder à une enquête sur l'état actuel de l'organisation judiciaire et pour indiquer les améliorations qui pourraient y être
apportées. Le Cabinet de Londres, dont nous avons tenu à pressentir
les dispositions, nous a répondu qu'il était prêt à se faire représenter à
l'enquête qui s'ouvrirait à Alexandrie, en prenant pour base les conclusions du rapport de la Commission instituée par mon prédécesseur.
Ce document vous est connu, et je n'ai qu'à m'y référer pour vous mettre
au courant des vues du Gouvernement de Sa Majesté. Quant aux instructions que recevront les délégués des différentes Puissances, le Cabinet
Anglais pense qu'elles devraient être conçues en termes très-généraux.
Les Commissaires Européens auraient d'abord à s'assurer, auprès des
délégués Égyptiens, des imperfections du système actuel et à examiner
les moyens proposés pour y porter remède. Ils auraient ensuite à rechercher jusqu'à quel point sont fondées les plaintes du Gouvernement du Vice-Roi et à vérifier la possibilité pratique de l'organisation
nouvelle qu'il désire substituer au présent état de choses. Dans le cas
où les mesures indiquées ne leur sembleraient pas satisfaisantes, les
délégués signaleraient, collectivement ou séparément, les modifications
qu'elles devraient recevoir. La discussion close, ils feraient connaître
à leurs Gouvernements leur opinion sur les conclusions que la Commission internationale pourrait avoir adoptées, et il appartiendrait aux
Gouvernements eux-mêmes de les adopter, de les modifier, ou même
de les rejeter entièrement. Cette proposition nous a paru acceptable
pour toutes les parties intéressées, car elle laisse à chacune l'entière
liberté de présenter et de défendre ses appréciations. En réalité, le
Gouvernement de l'Empereur a déjà fait son enquête, et elle est consignée dans le rapport de la Commission; mais nous ne nous refusons
pas à recueillir, de concert avec les autres Puissances, un supplément
d'informations sur les lieux mêmes. Le Vice-Roi, ayant demandé la
réunion d'une Commission internationale à Alexandrie, trouvera,
dans notre adhésion à la proposition du Gouvernement de Sa Majesté
Britannique, un témoignage de plus de nos sentiments de bon vouloir
envers lui, et il s'efforcera, de son côté, je l'espère, de faciliter une
négociation non moins importante pour ses intérêts que pour ceux des

nombreux étrangers dont le séjour en Égypte est une des conditions nécessaires de la prospérité de ce pays.

Recevez, etc.

Signé La VALETTE.

---

LE CONSUL GÉNÉRAL DE FRANCE à Alexandrie,
    au Ministre des Affaires étrangères.

(*EXTRAIT.*)

Alexandrie, le 19 mai 1869.

Monsieur le Marquis, j'ai donné immédiatement connaissance au Vice-Roi de la dépêche que vous m'avez fait l'honneur de m'écrire le 22 avril dernier et par laquelle vous m'annoncez l'adhésion du Gouvernement de l'Empereur à la proposition de réunir une commission internationale à Alexandrie pour s'occuper de la réforme judiciaire. Son Altesse a apprécié le nouveau témoignage des sentiments de bon vouloir que lui donne le Gouvernement de l'Empereur. Elle m'a prié d'en remercier Votre Excellence et m'a annoncé que la Commission serait convoquée sans doute pour le mois d'octobre prochain.

Veuillez agréer, etc.

Signé POUJADE.

---

M. TRICOU, GÉRANT DU CONSULAT GÉNÉRAL DE FRANCE à Alexandrie,
    au Ministre des Affaires étrangères.

(*EXTRAIT.*)

Alexandrie, le 19 juillet 1869.

Monsieur le Marquis, j'ai l'honneur de vous envoyer sous ce pli une

circulaire que je reçois du Ministre des Affaires étrangères du Vice-Roi
au sujet de la Commission qui doit se réunir à Alexandrie pour
examiner la question de la réforme des tribunaux égyptiens. Le
Gouvernement désirerait que cette Commission pût commencer ses
travaux dans la seconde quinzaine d'octobre.

Veuillez agréer, etc.

Signé TRICOU.

---

LE MINISTRE DES AFFAIRES ÉTRANGÈRES du Vice-Roi,
au Gérant du Consulat général de France à Alexandrie.

Alexandrie, le 18 juillet 1869.

Monsieur le Consul gérant, les Puissances auxquelles le Gouvernement de Son Altesse a soumis les observations que lui suggérait l'organisation actuelle de l'ordre judiciaire en Égypte se sont unanime-
ment accordées à en reconnaître la justice et l'opportunité.

Le Gouvernement de S. M. l'Empereur ayant fait connaître à S. A.
le Khédive qu'il prendrait part à une Commission composée des délégués des Puissances chargés d'examiner l'organisation judiciaire que
propose le Gouvernement Égyptien, je viens vous prier, Monsieur le
Gérant, de vouloir bien provoquer de la part de votre Gouvernement
la nomination des Commissaires qui doivent le représenter dans la
Commission.

Cette Commission se réunira au Caire dans la seconde quinzaine du
mois d'octobre.

Il est de mon devoir de témoigner encore une fois, au nom de
S. A. le Khédive, toute sa reconnaissance pour la détermination qu'a
prise votre haut Gouvernement de prêter son concours à une œuvre de
conciliation, de progrès et d'intérêt général. Son Altesse ne doute pas que
les instructions données aux Commissaires ne soient conformes aux
sentiments de bienveillance avec lesquels le Gouvernement de
S. M. l'Empereur a bien voulu accueillir ses propositions. Ce sont ces

sentiments de bienveillance qui ont guidé et soutenu S. A. le Khédive dans la voie qu'il est résolu de suivre.

---

Le Gérant du Consulat général de France à Alexandrie,
A M. le Prince de La Tour d'Auvergne, Ministre des Affaires étrangères.

Alexandrie, le 24 juillet 1869.

Prince, j'ai eu l'honneur, dans une récente dépêche, d'entretenir le Département des nombreuses difficultés que soulève la question de la municipalité d'Alexandrie. Comme Votre Excellence a pu s'en convaincre, les nouveaux règlements contiennent une série d'infractions aux capitulations et à la juridiction consulaire. Cependant le Gouvernement Égyptien nous prévenait, à la date du 20, qu'ils allaient être mis en vigueur sous peu de jours. La colonie européenne devait s'émouvoir, à juste titre, d'une résolution que rien ne justifie et qui prête arbitrairement à de simples projets le caractère de règlements définitifs. Aussi, le corps consulaire a-t-il cru devoir se réunir d'urgence chez son doyen, M. Hale, Consul général des États-Unis d'Amérique, pour répondre officiellement à la prétention inattendue du Ministre des Affaires étrangères du Vice-Roi. Il a été décidé dans cette réunion que ces règlements, portant dans leur ensemble de profondes atteintes à la juridiction consulaire et aux usages existants, ne pourraient être exécutés que du jour où ils auraient reçu la sanction expresse des Gouvernements étrangers, auxquels il en avait été référé du reste. Cette décision a été consignée dans un procès-verbal que mes collègues m'ont chargé de rédiger et dont je vous transmets une expédition. J'ose espérer qu'il obtiendra la haute approbation de Votre Excellence.

Veuillez agréer, etc.

Signé Tricou.

---

PROCÈS-VERBAL DE LA DÉLIBÉRATION DU CORPS CONSULAIRE À ALEXANDRIE
(24 JUILLET 1869).

Messieurs les Membres du Corps consulaire se sont réunis, aujourd'hui, 22 juillet 1869, chez M. Hale, Agent et Consul général des États-Unis d'Amérique, leur doyen, à l'effet d'examiner les règlements élaborés par la Commission municipale préparatoire, placée sous la présidence de M. Colucci-Bey, Commission dans laquelle les Consulats généraux n'étaient point représentés officiellement, MM. Calvert, Schwegel et Dobignie n'y figurant qu'à titre purement privé.

Après s'être fait donner lecture desdits règlements et de la lettre de M. le Ministre des Affaires étrangères du Vice-Roi qui en consacre l'adoption, les Membres présents du Corps consulaire ont émis l'opinion que ces règlements portaient, dans leur ensemble, de profondes atteintes à la juridiction consulaire et aux usages existants.

Ils ont décidé, en outre, qu'en raison même des nombreuses infractions qu'ils renferment, ils ne sauraient être considérés que comme de simples projets qui, pour devenir règlements définitifs et exécutoires, devaient recevoir l'approbation expresse des Gouvernements étrangers auxquels il en a été référé.

Le Corps consulaire doit constater, en terminant, que, si quelques-uns de ses Membres ont consenti à l'organisation provisoire d'une municipalité, ce n'a été, comme le prouvent leurs réserves formelles, qu'à titre de pur encouragement et dans le but de favoriser, en principe, une institution assurément fort utile en elle-même, mais qui, pour produire des fruits immédiats, doit se renfermer nécessairement dans les limites qui lui sont assignées par les traités. Dans ces termes et sous le bénéfice de ces réserves, les mêmes Membres sont toujours disposés, en ce qui les concerne, à désigner, dès à présent, si le Gouvernement Égyptien le désire, des délégués qui seraient appelés à élaborer de nouveaux projets de règlements municipaux, dont les dispositions devraient être en parfaite harmonie avec les capitulations et les principes actuels de la juridiction consulaire.

Le Corps consulaire prie M. Hale de vouloir bien transmettre le présent procès-verbal à M. le Ministre des Affaires étrangères du Vice-Roi.

*(Suivent les signatures de tous les Consuls, sauf celle du Consul de Portugal, qui était absent.)*

LE MINISTRE DES AFFAIRES ÉTRANGÈRES,

à M. le Vicomte DE CONTADES, Chargé d'affaires de France à Londres.

Paris, le 29 juillet 1869.

Monsieur, le Gouvernement Égyptien a fait savoir officiellement aux Agents des Puissances à Alexandrie que la Commission chargée d'examiner le projet de réforme d'organisation judiciaire de l'Égypte se réunirait au Caire dans la seconde quinzaine du mois d'octobre. Il les a priés, en même temps, de provoquer de la part de leurs Gouvernements la nomination des délégués qui doivent figurer au sein de la Commission. Nous avons accepté de participer à cette enquête internationale aux conditions sur lesquelles nous sommes tombés d'accord avec le Gouvernement Britannique, et je prendrai en temps opportun les ordres de l'Empereur pour la désignation du Commissaire français.

Lord Clarendon aura reçu, ainsi que nous, les nouveaux règlements municipaux promulgués par le Gouvernement du Vice-Roi pour la ville d'Alexandrie. Cette organisation a soulevé d'assez vives objections dans la colonie européenne, et, en ce qui le concerne, notre Consul général ne l'a provisoirement acceptée qu'en faisant des réserves. Nous aurons à nous prononcer ultérieurement à cet égard; mais, la question touchant à la situation des étrangers qui habitent Alexandrie, elle me paraît avoir un lien avec la solution qui sera donnée à l'affaire des institutions judiciaires. Il y aurait donc lieu, ce me semble, de différer jusqu'à ce moment notre décision. Telle est du moins mon impression première, et j'attacherais de l'intérêt à connaître l'avis du Gouvernement Anglais.

Recevez, etc.

Signé Prince DE LA TOUR D'AUVERGNE.

Le Chargé d'affaires de France à Londres,
au Ministre des Affaires étrangères.

(EXTRAIT.)

Londres, le 1ᵉʳ août 1869.

Prince, je ne sais si le Principal Secrétaire d'État avait eu déjà connaissance de la réponse à laquelle avait donné lieu de la part du Corps consulaire la promulgation des règlements municipaux pour la ville d'Alexandrie; mais il avait été informé des difficultés qui se rattachent à cette question, et l'avis ouvert par Votre Excellence, d'attendre, pour se rendre un compte plus exact de la situation des étrangers, que les travaux de la Commission de réforme judiciaire aient apporté de nouveaux éléments d'appréciation, lui a paru plein de sagesse.

Veuillez agréer, etc.

Signé CONTADES.

Le Ministre des Affaires étrangères,
au Gérant du Consulat général de France à Alexandrie.

Paris, le 9 août 1869.

Monsieur, avant de répondre à la demande d'instructions que vous m'avez adressée au sujet des règlements municipaux élaborés pour la ville d'Alexandrie, je désirais connaître, ainsi que je vous en ai prévenu, la manière de voir des autres Cabinets intéressés au même titre que nous dans cette question. Je me suis donc empressé, en informant notre Chargé d'affaires à Londres de la décision du Corps consulaire et de l'impression qui résultait pour nous à première vue de l'état des choses, de l'inviter à pressentir les dispositions du Gouvernement Anglais. J'apprends, par la réponse de M. le Vicomte de Contades, que Lord Clarendon partage notre avis sur la nécessité d'attendre les nou-

veaux éléments d'appréciation que nous devons trouver dans le travail
de la Commission internationale pour la juridiction consulaire. Les deux
questions, en effet, sont évidemment liées, et puisque les différentes
Cours ont accepté la proposition d'ouvrir une enquête sur la condition
de leurs nationaux résidant en Égypte, jusqu'à ce qu'on en connaisse
les résultats il est naturel qu'elles diffèrent de se prononcer sur
la situation des étrangers au point de vue des règlements municipaux.
Nous ne croyons donc pas que le moment soit venu de faire connaître notre avis sur ces règlements, et jusque-là, nous ne pouvons
que maintenir toutes les réserves faites par le Consulat général. C'est
en ce sens que vous êtes autorisé à répondre au Gouvernement
Égyptien. Vous voudrez bien toutefois procéder de concert avec vos
collègues et ne faire aucune démarche sans vous être entendu préalablement avec eux.

Recevez, etc.

Signé Prince DE LA TOUR D'AUVERGNE.

LE MINISTRE DES AFFAIRES ÉTRANGÈRES,

à M. le Marquis DE LA VALETTE, Ambassadeur de France à
Londres.

(EXTRAIT)

Paris, le 7 août 1869.

Monsieur le Marquis, dans le dernier entretien qu'il a eu avec
M. de Contades, Lord Clarendon a fait une observation à laquelle je
m'associe pleinement. Le Principal Secrétaire d'État a pensé qu'il serait
convenable de faire auprès de la Porte, et avant la réunion de la Commission internationale à Alexandrie, une démarche de courtoisie qui
aurait pour but de préciser le caractère et les limites de la tâche tracée
aux Commissaires. J'ai eu l'occasion de parler de cette suggestion avec
Lord Lyons, et je lui ai dit que je l'approuvais pleinement. Il y a lieu
en effet de dire au Gouvernement Ottoman que cette Commission est

uniquement chargée d'étudier sur place la valeur des propositions faites par le Vice-Roi pour la réforme des institutions judiciaires; qu'il s'agit simplement d'une enquête n'engageant en rien la liberté d'action des Cabinets; que, par conséquent, les Délégués n'ont pas mission d'élaborer un arrangement définitif en dehors de la Turquie, et qu'enfin l'intention des Puissances ne saurait être de porter la moindre atteinte aux intérêts et aux droits du Sultan dans cette question. Pour notre part, nous sommes disposés à donner en temps opportun à la Porte cette assurance formelle, et je me félicite de me trouver d'accord à ce sujet avec Lord Clarendon.

Agréez, etc.

Signé Prince DE LA TOUR D'AUVERGNE.

---

LE MINISTRE DES AFFAIRES ÉTRANGÈRES.
à l'Ambassadeur de France à Londres.

Paris, le 9 août 1869.

Monsieur le Marquis, dans la dépêche que j'ai eu l'honneur de vous adresser le 7 de ce mois, je rappelais l'observation faite par Lord Clarendon à M. le Vicomte de Contades à propos de la réunion prochaine à Alexandrie de la Commission internationale chargée d'ouvrir une enquête sur la juridiction consulaire en Egypte. Le Principal Secrétaire d'État était d'avis de faire auprès du Gouvernement Ottoman une démarche de courtoisie ayant pour but d'apaiser ses susceptibilités à l'endroit de la négociation engagée entre le Vice-Roi et les Puissances. Je vous ai dit que je m'associais entièrement à cette suggestion, et je vous ai fait connaître comment je comprenais le langage que nous avions à tenir dans cette circonstance. Depuis son entretien avec M. de Contades, Lord Clarendon a préparé de son côté le projet de dépêche ci-joint qu'il se propose d'adresser à M. Elliot et qu'il m'a fait remettre par M. l'Ambassadeur d'Angleterre. Ce document répond complétement dans ses conclusions à la pensée que je

vous ai moi-même exprimée. Je n'ai donc aucune objection à charger
M. Bourée de faire une communication analogue à la Porte, et je
compte lui expédier mes instructions à ce sujet par le prochain
courrier de Constantinople.

Agréez, etc.

Signé Prince DE LA TOUR D'AUVERGNE.

---

Le Comte DE CLARENDON,

    à M. ELLIOT, Ambassadeur d'Angleterre à Constantinople.

(*TRADUCTION.*)

Août 1869.

Par sa dépêche circulaire du 25 octobre 1867, Lord Stanley vous
a recommandé de communiquer à la Porte les vues du Gouvernement
de Sa Majesté sur la proposition du Gouvernement Égyptien tendant
à obtenir l'assentiment des Puissances à une modification dans le système de procédure judiciaire applicable aux étrangers en Égypte dans
leurs rapports avec les autorités et les habitants de ce pays, et vous
savez ce qui s'est passé depuis à ce sujet.

La communication faite par Votre Excellence, des vues du Gouvernement de Sa Majesté touchant cette proposition, n'a rencontré de la
part de la Porte aucune objection jusqu'au mois d'avril dernier,
époque à laquelle l'Ambassadeur de Turquie à Londres m'a remis un
télégramme de son Gouvernement, réservant les droits de la Porte à
protester contre le résultat de toute enquête instituée dans le but
d'inaugurer en Égypte des améliorations dans l'administration de la
justice. Votre Excellence se rappellera que j'ai déclaré à Musurus-
Pacha, en réponse à sa communication, que l'objet de cette enquête
était simplement de constater s'il était possible de consentir à l'établissement, en Égypte, d'un système amélioré de procédure judiciaire qui
éloignerait les abus du système actuel et garantirait aux étrangers
comme aux indigènes que leurs causes seraient dûment entendues et
jugées, et je lui ai dit que le Gouvernement Anglais ne voyait pas,

dans cette mesure, ce qui pouvait provoquer des protestations ou des
réserves de la part de la Porte.

En même temps, j'ai prévenu l'Ambassadeur Ottoman que rien
n'était plus contraire aux désirs ou aux intentions du Gouvernement
de la Reine, que de prendre l'initiative d'aucune mesure qui pourrait
raisonnablement être considérée comme un empiétement sur les droits
du Sultan sur l'Égypte.

Le 1er mai, j'ai reçu une dépêche de Musurus-Pacha, dont je vous
ai envoyé copie. Il résulte de cette communication que la Porte, tout
en admettant les abus existants en Égypte, considérait que le remède
à y apporter consistait à faire exécuter les capitulations en Égypte de
la même façon que dans l'Empire Turc; mais que si l'objet de l'enquête
proposée était d'introduire en Égypte un système judiciaire s'éloignant
des capitulations, la Porte ne voyait pas pourquoi ce système serait
exceptionnel pour ce qui regarde l'Égypte, et ne ferait pas le sujet d'une
négociation directe entre la Porte et les Gouvernements étrangers.

Sur ce terrain, la Porte déclarait que tout acte, arrangement ou
décision tendant à placer l'Égypte dans une situation différente de
celle qui résulte des firmans en vigueur serait accueilli par une protestation de sa part, et Elle exprimait la conviction qu'aucun acte d'un
caractère international ne serait conclu entre l'Égypte et les Puissances
sans le concours et sans la ratification du Sultan.

Votre Excellence a appris qu'une semblable communication avait
été faite au Gouvernement Français par l'Ambassadeur de Turquie à
Paris, et que Son Excellence avait fait observer que la Porte avait le
droit d'inviter les Représentants des Puissances à se concerter à Constantinople sur la question des réformes à introduire dans les capitulations sur toute l'étendue de l'Empire Ottoman. En me référant à cette
communication, j'ai autorisé Votre Excellence à déclarer que les Gouvernements Français et Anglais s'accordaient à mettre en doute l'opportunité du moment choisi par la Porte pour exercer son droit
de faire prévaloir une pareille combinaison, et à recommander au
Gouvernement Turc de s'occuper des améliorations qui auraient
pour effet de rendre facile une modification des capitulations, plutôt

que de susciter de l'opposition en agitant la question immédiatement. Quant à la protestation que le Grand Vizir a adressée à Votre Excellence, le 29 avril, contre la possibilité d'admettre que des capitulations qui avaient été conclues par le Souverain pussent être modifiées par un accord direct avec le vassal, j'ai encore expliqué à Votre Excellence, dans ma dépêche du 18 mai, que l'enquête projetée a pour but de s'assurer de l'étendue d'abus notoires et d'y suggérer des remèdes, mais qu'aucun Gouvernement représenté à la Commission ne serait tenu d'accepter ses propositions, et que le Gouvernement de S. M. Britannique n'a nullement l'intention de diminuer le pouvoir suzerain du Sultan. Le Gouvernement de Sa Majesté Britannique a été heureux d'apprendre par la dépêche de Votre Excellence du 30 mai que le Grand Vizir était très-satisfait de cette explication, et avait dit que dans les limites indiquées, la Porte n'avait aucune objection à faire contre l'enquête projetée. Toutefois, Son Altesse ajoutait que si l'on avait l'intention de s'entendre directement avec le Vice-Roi sur les remèdes à appliquer, un tel procédé serait considéré comme portant atteinte à l'autorité du Sultan.

Après vous avoir rappelé les explications qui ont été échangées entre le Gouvernement de S. M. Britannique et la Porte sur ce sujet, il me reste à faire connaître à Votre Excellence que la Commission d'enquête devra se réunir à Alexandrie dans le courant d'octobre prochain et que le Gouvernement de Sa Majesté ne veut pas perdre de temps pour assurer la Porte que, en ce qui le concerne, les droits du Sultan seront soigneusement respectés et que de son côté aucune mesure ne sera prise pour mettre à effet les recommandations de la Commission, sans qu'il y ait eu entente préalable avec la Porte. J'ai une grande satisfaction à pouvoir ajouter qu'il existe une parfaite communauté de vues à ce sujet entre les Gouvernements de France et d'Angleterre, et que j'ai lieu de croire que l'Ambassadeur de France à Constantinople sera chargé de faire une semblable communication à la Porte Ottomane.

Je suis, etc.

Signé CLARENDON.

Le Ministre des Affaires étrangères,
à M. Bourée, Ambassadeur de France à Constantinople,

Paris, 12 août 1869.

Monsieur, les pourparlers qui se sont engagés il y a deux ans, à pareille époque, entre le Vice-Roi et les Puissances, au sujet de l'organisation judiciaire en Égypte, ont abouti à une proposition d'enquête qui a réuni l'assentiment de tous les Cabinets. Les détails de cette négociation ont été connus du Gouvernement Ottoman, et il n'en a fait l'objet d'aucune observation jusqu'au mois d'avril dernier. A ce moment, toutefois, il a manifesté certaines appréhensions sur la portée de l'entente intervenue et il se montrait même disposé à formuler des protestations et des réserves. Aali-Pacha semblait croire que les Puissances poursuivaient, d'accord avec le Vice-Roi, un changement au régime des capitulations, et que l'enquête qui doit s'ouvrir à Alexandrie aurait pour but de consacrer un accord définitif en dehors de la participation du Gouvernement Ottoman.

Mon prédécesseur, dans ses entretiens avec Djémil-Pacha, s'est attaché à établir que telle n'était pas la pensée du Gouvernement de l'Empereur. Entre le Vice-Roi et nous, il ne s'est jamais agi de modifier les capitulations, et ce n'est pas ainsi, en effet, que la question se présente pour l'Égypte. Par suite de circonstances particulières à ce pays, la situation des étrangers, sous le rapport de la juridiction, n'y est pas la même que dans la généralité des autres provinces de l'Empire Ottoman. Nos nationaux y jouissent, dans les causes mixtes, de priviléges particuliers, et le désir du Vice-Roi, tel, du moins, qu'il l'a formulé dans ses communications avec nous, serait, non pas de réformer les capitulations conclues entre les Puissances et la Turquie, mais de revenir à leur texte primitif. La négociation porte donc, non pas sur les capitulations, mais sur les usages dont nous jugeons le maintien nécessaire pour la sécurité de nos nationaux, à moins que nous n'obtenions, pour prix de notre renonciation, des garanties équivalentes.

La question, je le répète, n'a pas un caractère général. Elle est essentiellement particulière à l'Égypte; et d'ailleurs il ne s'agit pas, même en ce moment, de la décider. L'enquête a pour but unique d'examiner les observations présentées par le Vice-Roi, de reconnaître si les abus de la juridiction consulaire sont tels que l'affirme le Gouvernement Égyptien, s'ils font réellement obstacle à l'organisation d'une bonne justice, et si le Vice-Roi, en nous demandant de renoncer à quelques-uns des priviléges assurés à nos Consuls en dehors des capitulations, est en état de constituer des tribunaux offrant de suffisantes garanties pour nos nationaux. J'ajouterai que cette enquête ne doit pas lier les Cabinets; qu'ils n'ont voulu, en s'y prêtant, que s'éclairer eux-mêmes, sans renoncer à leur complète liberté d'appréciation, et que, par conséquent, les délégués sont chargés, non pas de la négociation d'un acte diplomatique avec le Vice-Roi, mais simplement des études nécessaires pour rechercher les éléments de l'accord qui interviendra plus tard et dont nous ne songeons nullement à poursuivre la réalisation en dehors du Gouvernement Turc.

Une communication récente du Ministère Égyptien aux Agents étrangers à Alexandrie convoque la Commission pour la seconde quinzaine d'octobre. Nous avons répondu que nous étions décidés à nous y faire représenter; mais, avant que l'enquête commence, nous avons tenu à exposer à la Porte comment nous envisageons la mission assignée aux délégués des Puissances. Je vous autorise, en développant ces explications au Grand Vizir, à lui donner l'assurance que notre intention n'est nullement de nous prêter à une combinaison quelconque pouvant porter atteinte aux intérêts ou aux droits du Sultan.

Agréez, etc.

Signé Prince DE LA TOUR D'AUVERGNE.

LE MINISTRE DES AFFAIRES ÉTRANGÈRES,

    à MM. TRICOU et PIÉTRI, Commissaires du Gouvernement de l'Empereur à Alexandrie.

Paris le 6 octobre 1869.

Messieurs, au moment où la Commission internationale dont vous faites partie va aborder la tâche qui lui est confiée, je crois utile de vous rappeler le point de vue que le Gouvernement de l'Empereur a adopté dans l'examen de la question que vous avez à étudier en détail, et je tiens également à bien préciser le véritable caractère ainsi que le but essentiel de l'enquête à laquelle vous participerez.

Vous connaissez les propositions dont le Gouvernement Égyptien a pris l'initiative, il y a environ deux ans, auprès des principales Puissances Européennes. Dans une note adressée au Vice-Roi, et qui a servi de point de départ à ses démarches ultérieures, le Ministre des Affaires étrangères de Son Altesse signalait les inconvénients résultant, selon lui, du système actuellement en vigueur en Égypte et indiquait en même temps les mesures qui lui semblaient les plus propres à y remédier.

Les propositions formulées par le Gouvernement du Vice-Roi ont été, comme vous le savez, de la part de mon Département, l'objet de l'examen le plus sérieux. Une Commission spéciale instituée à cet effet au Ministère des Affaires étrangères a consigné le résultat de ses travaux dans le rapport dont vous trouverez un exemplaire ci-annexé.

Je n'ai pas à reproduire ici les conclusions de ce travail, dont la simple analyse dépasserait le cadre des instructions générales que je me propose de vous tracer. Mais, en me bornant à les signaler à votre attention, je ne saurais trop insister sur l'importance que nous y attachons et sur l'utilité que vous pouvez en retirer pour vos propres études. Le rapport de la Commission n'est pas seulement l'expression de la pensée du Gouvernement de l'Empereur sur les différentes questions que soulèvent les demandes de Son Altesse Ismaïl-Pacha;

il constitue, en outre, à nos yeux comme à ceux des autres Puissances, le point de départ de l'enquête provoquée par le Vice-Roi,
C'est uniquement à cette condition, en effet, que nous avons consenti
à nous faire représenter à Alexandrie, et les Cabinets auxquels nous
avons communiqué le travail de la Commission française l'ont admis
dans son ensemble, comme pouvant fournir une base utile aux travaux des délégués européens.

D'accord sur le point de vue auquel devront se placer leurs représentants, les Puissances se sont également entendues sur la marche
qu'il conviendra de suivre dans l'enquête même. Conformément au
programme indiqué par le Cabinet de Londres, les Commissaires
européens devront tout d'abord faire préciser par les délégués égyptiens les imperfections que le Gouvernement du Vice-Roi constate dans
le système judiciaire actuel, ainsi que les réformes dont il suggère
l'adoption. Ils auront ensuite à examiner jusqu'à quel point peuvent
être fondés les griefs articulés contre le présent état de choses, et à
rechercher si les mesures recommandées par le Vice-Roi offrent, dans
la pratique, les garanties que les Puissances ont le droit d'exiger. Dans
le cas où les propositions égyptiennes ne présenteraient pas ce caractère, les Commissaires européens auraient à signaler, soit individuelle-
ment, soit collectivement, les améliorations qui pourraient y être introduites.

Parvenus au terme de cette enquête contradictoire, les délégués se
borneront à faire connaître à leurs Gouvernements respectifs leur avis
motivé sur les conclusions de la Commission. L'enquête, en un mot,
gardera le caractère purement consultatif qui lui a été assigné tout
d'abord, et les Puissances représentées à Alexandrie se réservent
expressément le droit d'accepter, de modifier, ou même de rejeter
complétement les propositions que la Commission internationale sera
dans le cas de formuler.

Si générales qu'elles soient, ces indications suffiraient à la rigueur,
et de plus amples détails sont d'autant moins nécessaires que la Commission française, en adoptant un mode de procéder analogue à celui
que se proposent de suivre les Puissances, a plus complétement élu-

cidé les différents points de fait et de droit dont leurs représentants auront à s'occuper.

D'une part, les capitulations, c'est-à-dire l'ensemble des règles qui régissent les rapports des Puissances chrétiennes avec la Porte, ne se réduisent pas à la lettre des traités primitifs; elles comprennent encore toute une jurisprudence internationale qui a développé ces traités, toute une série de dispositions complémentaires conçues dans le même esprit, conseillées par l'expérience, reconnues nécessaires, admises d'un commun accord, consacrées par l'usage et garanties enfin par les plus récentes conventions.

D'autre part, l'Égypte se trouve dans des conditions particulières qui ont motivé un système de garanties spéciales. Les dispositions qui y sont appliquées ont leur raison d'être dans les circonstances exceptionnelles qui la justifiaient à l'époque où elles ont été prises, et qui n'ont pas cessé d'exister. En droit, les capitulations ne sont autre chose, en ce qui concerne l'Égypte, que l'ensemble de ces dispositions spéciales jugées indispensables et acceptées comme telles par les prédécesseurs de S. A. Ismaïl-Pacha. Il n'y a donc point d'assimilation complète en matière de juridiction entre l'Égypte et les provinces de l'Empire Ottoman, et lorsque le Gouvernement du Vice-Roi parle de revenir aux capitulations telles qu'elles sont observées en Turquie, il demande en réalité le bénéfice d'un régime différent de celui qui a prévalu en Égypte et cherche à se dégager des obligations résultant pour lui du système pratiqué jusqu'à ce jour dans ce pays.

J'ai tenu à rétablir la distinction qui existe entre deux ordres de choses que le Gouvernement Égyptien paraît confondre, car elle est à nos yeux d'une importance majeure, non-seulement au point de vue de la vérité des faits, mais en raison des conséquences qui en découlent.

De cette différence bien constatée entre la situation de l'Égypte et celle des autres provinces ottomanes il résulte, en effet, que nous ne pouvons nous dessaisir des garanties spéciales auxquelles j'ai fait allusion, sans modifier le droit conventionnel qui règle les rapports des Puissances chrétiennes avec la Porte. Les capitulations, telles qu'elles sont comprises dans l'Empire Ottoman, restent en dehors de toute discussion; le Gouvernement Turc n'a pas à s'inquiéter de réformes éventuelles qui ne modifieraient en rien l'état de choses consacré dans ses relations avec les Cours Européennes; nous n'avons pas à nous préoccuper nous-mêmes, au point de vue de ces relations, des conséquences résultant de concessions qui laisseraient encore intacts les priviléges dont nous jouissons en Turquie.

Le principe des capitulations, en un mot, ne reçoit aucune atteinte, et la seule question qui se pose pour les Puissances chrétiennes est celle de savoir jusqu'à quel point il leur est possible de renoncer aux garanties exceptionnelles qu'elles possèdent actuellement en Égypte.

Tel était le but que s'était proposé d'atteindre la Commission instituée par les soins de mon Département; tel est encore l'objet de l'enquête qui va se poursuivre à Alexandrie. Sans vouloir préjuger les résultats de cette nouvelle étude, il nous est permis, je crois, de supposer que les conclusions auxquelles s'arrêteront les délégués des Puissances différeront peu de celles qu'a formulées naguère la Commission française. Les réformes indiquées dans le rapport auquel vous devez constamment vous reporter constituent, en effet, dans notre opinion, des concessions importantes dictées par un sincère désir de satisfaire, autant que possible, aux vœux du Gouvernement du Vice-Roi, et il est une limite qu'on ne saurait dépasser sans compromettre également les intérêts européens engagés en Égypte, et ceux de l'Égypte elle-même, si intimement rattachée désormais au mouvement commercial du monde.

Recevez, etc.

Signé Prince DE LA TOUR D'AUVERGNE.

# COMMISSION EUROPÉENNE DU DANUBE.

# COMMISSION EUROPÉENNE DU DANUBE.

M. le Baron D'AVRIL, Délégué français dans la Commission européenne du Danube,

    A M. le Marquis DE LA VALETTE, Ministre des Affaires
étrangères.

Galatz, le 27 avril 1869.

Monsieur le Marquis, vous savez qu'un emprunt conclu à Londres,
le 30 avril 1868, met à la disposition de la Commission européenne
du Danube une somme de 3,375,000 francs destinée aux travaux
définitifs à exécuter dans le lit et à l'embouchure du fleuve. Les versements de cet emprunt se font entre nos mains, dans une caisse spéciale,
au fur et à mesure des besoins auxquels il y a lieu de pourvoir; le rem-
boursement doit se faire en douze ans, à partir de 1871, sur l'excédant
des recettes des budgets ordinaires qui composent un fonds d'amor-
tissement spécial, et, en cas d'insuffisance, au moyen d'un appel à
la garantie des Puissances.

La situation actuelle des finances de la Commission éloigne de plus
en plus cette dernière hypothèse.

En effet, il ressort des comptes vérifiés de l'année 1868 que les
recettes s'élèvent à. . . . . . . . . . . . . . . . . . . . . . . . . 3,073,913f 24c
et les dépenses à . . . . . . . . . . . . . . . . . . . . . . . . . 2,687,919 98
                                         —————————
ce qui donne un excédant de . . . . . . . . . . . . . . . 385,993 26

Cette somme a été portée à la réserve.

En outre, le compte des travaux définitifs qui doivent être soldés sur le produit de l'emprunt avait reçu antérieurement à la conclusion de cet emprunt une avance de 246,998 francs, qui a été remboursée sur les premiers versements, ce qui donne, pour le total des sommes en réserve, 632,991 francs.

Ce fonds doit encore s'accroître d'un excédant assez considérable sur les recettes de 1869, qui ont déjà dépassé de beaucoup nos prévisions.

Il résulte d'un rapport adressé l'année dernière à M. le Marquis de Moustier, qu'au 30 septembre 1868 une somme de 1,703,011 francs avait déjà été employée et qu'il restait disponible, sur le produit de l'emprunt conclu à Londres, une somme de 1,693,660 francs.

Mais comme il était à craindre que les prévisions de dépenses eussent été dans l'origine évaluées trop bas, la Commission européenne a chargé son ingénieur en chef de dresser un tableau qui présentât en regard : 1° le mesurage des travaux exécutés et le prix de revient ; 2° le mesurage des travaux à exécuter et la somme disponible par chapitre.

Il résulte de ce travail qu'à moins de complications impossibles à prévoir, les travaux définitifs seront achevés sans que la dépense excède les ressources restées disponibles sur le produit de l'emprunt conclu à Londres.

La Commission européenne a remercié l'ingénieur en chef, Sir Charles Hartley, de cette communication, qui nous permet de donner à nos Gouvernements l'assurance que les versements de l'emprunt garanti seront suffisants pour achever les travaux définitifs avant la fin de la campagne de 1870.

Veuillez agréer, etc.

Signé A. D'AVRIL.

LE DÉLÉGUÉ FRANÇAIS dans la Commission européenne du Danube,
A M. le Prince DE LA TOUR D'AUVERGNE, Ministre des Affaires
étrangères.

Paris, le 24 octobre 1869.

Prince, pendant les trois premiers trimestres de l'année courante,
le nombre des bâtiments sortis du Danube a été de 1,907, jaugeant
470,482 tonneaux.

Pendant la période correspondante de 1868, il est sorti 1,800 bâtiments, jaugeant 405,450 tonneaux.

La différence en faveur de 1869 est donc de 107 bâtiments et de
65,032 tonneaux.

La recette brute pendant les trois premiers trimestres de 1869 a été
de 1,186,356 francs, et la recette nette, c'est-à-dire déduction faite
de la part attribuée aux phares et au pilotage, a été de 1,081,496 francs.

L'année dernière, le chiffre de 1 million de francs de recette brute
a été atteint seulement le 15 octobre, tandis que cette année, nous
avions déjà en caisse 1,186,356 francs.

Les augmentations que j'ai signalées plus haut, pour les trois premiers trimestres, dans le chiffre du tonnage et dans le montant des
recettes, autorisent à espérer que le produit des droits de navigation
sera supérieur en 1869 à celui de 1868, ce qui nous permettra de
pourvoir à des dépenses imprévues et d'augmenter les fonds de réserve.

Veuillez agréer, etc.

Signé A. D'AVRIL.

# AFFAIRES DE TUNIS.

# AFFAIRES DE TUNIS.

M. le Marquis DE LA VALETTE, Ministre des Affaires étrangères,
à M. le Vicomte DE BOTMILIAU, Consul général de France
à Tunis.

Paris, le 24 juin 1869.

Monsieur, lorsque le payement des coupons de la dette extérieure
tunisienne s'est trouvé suspendu dans le courant de l'année 1867, les
intéressés ont bientôt acquis la triste conviction que la crise était
profonde et réclamait des mesures exceptionnelles. La pensée de créer
une commission qui serait chargée de régulariser la perception des
revenus de la Régence et d'en surveiller l'emploi n'a pas tardé à se
faire jour. Cette idée s'est rapidement répandue parmi les souscripteurs des emprunts extérieurs; le Bey lui-même, reconnaissant la
nécessité de faire appel aux lumières d'hommes expérimentés dans les
questions de finances et de donner une garantie de bon vouloir aux
créanciers de son Gouvernement, s'est approprié cette combinaison
par un décret du 4 avril 1868. En vertu de cet acte, une commission
devait être instituée dans le délai d'un mois; elle était composée de deux
fonctionnaires nommés par le Gouvernement de la Régence, de deux
notables élus par le corps des négociants étrangers à Tunis, de deux
mandataires français des obligataires des emprunts souscrits en 1863
et 1865, du premier député de la nation française, enfin d'un inspecteur des finances délégué par le Gouvernement de l'Empereur à la
demande du Bey.

20.

Je ne rappelle pas ici les attributions de la commission, parce qu'elles n'ont pas été contestées; mais la proportion dans laquelle les divers intérêts devaient y être représentés a soulevé des objections de la part des porteurs anglais et italiens de la dette intérieure.

Nous avions pris acte du décret rendu par le Bey et nous étions décidés à en maintenir le principe, car la situation des détenteurs français des obligations tunisiennes devenait de jour en jour plus critique; mais nous n'avions pas l'intention, en sauvegardant leurs intérêts, de porter atteinte à ceux des autres étrangers, et nous avons déclaré que nous étions prêts à examiner, d'accord avec les Cabinets de Londres et de Florence, en quoi le décret du 4 avril pouvait léser leurs nationaux.

Nous avons tenu la parole que nous avions donnée, et après des pourparlers dans lesquels nous avons apporté un sincère esprit de conciliation, nous nous sommes entendus avec le Gouvernement Anglais et le Gouvernement Italien sur une combinaison acceptable pour tous.

A nos yeux, le décret du 4 avril n'a pas cessé de subsister, mais des modifications importantes y peuvent être introduites. Rien ne serait changé à la compétence de la commission envisagée dans son ensemble; son organisation serait toutefois différente. La tâche qui lui est dévolue serait répartie entre deux comités distincts : un comité exécutif chargé des pouvoirs administratifs déjà conférés par le Bey et formé de deux fonctionnaires tunisiens ainsi que d'un inspecteur des finances français mis à la disposition de Son Altesse; un comité de contrôle ayant mission de connaître de toutes les opérations du comité exécutif et composé de deux membres de chacune des nationalités française, anglaise et italienne, respectivement désignés par les intéressés.

Le Bey ne saurait éprouver aucune hésitation à adopter cette combinaison, car elle tient compte beaucoup plus que son décret primitif de sa propre souveraineté, puisque toutes les attributions administratives de la commission se trouvent ainsi entre les mains du comité exécutif nommé directement par lui. Quant au comité de contrôle, du moment où sa composition satisfait aux observations présentées par les Cabinets de Londres et de Florence au nom de leurs nationaux, le Gouvernement Tunisien n'aurait aucune raison légitime de ne pas l'admettre tel que nous proposons de le constituer; car l'assentiment de l'Angleterre et de l'Italie fait disparaître la difficulté qui seule l'arrêtait au début.

Pour donner force de loi à cette combinaison, nous demandons au Bey de s'approprier le projet de décret ci-joint qui consacre les principes proclamés dans l'arrêté du 4 avril, tout en faisant droit aux objections qu'il avait soulevées. Ce document a, dès à présent, l'approbation du Gouvernement Anglais et du Gouvernement Italien, auxquels nous avons eu soin de le communiquer. Je me suis assuré également que vous pouviez compter sur le concours de vos collègues d'Angleterre et d'Italie dans les démarches que vous avez à faire pour obtenir la promulgation de ce nouveau décret.

Vous voudrez donc bien, dès que vous saurez que MM. Wood et Pinna ont reçu leurs instructions, vous rendre auprès du Bey pour lui faire connaître l'accord intervenu entre les trois Gouvernements. Vous ne perdrez pas de vue que la situation financière s'aggrave de jour en jour à Tunis et que nous avons pris l'engagement d'insister en faveur de l'établissement immédiat de la commission dont nous avons indiqué publiquement les dispositions essentielles. Tout nouvel ajournement serait inadmissible, et nous comptons que le Gouvernement Tunisien, contre lequel s'élèvent aujourd'hui tant de réclamations légitimes, voudra donner, du moins, un gage de ses bonnes dispositions en adhérant sans plus de retard à l'arrangement que nous lui présentons.

Recevez, etc.

Signé LA VALETTE.

## PROJET DE DÉCRET.

Tunis, juin 1869.

Vu notre décret du 4 avril de l'année dernière, relatif à la formation d'une Commission de finances;

Considérant que ce décret a été ratifié par notre résolution du 29 mai suivant, mais que des difficultés se sont élevées sur la composition de cette Commission; désirant y faire droit sans porter atteinte aux principes proclamés par nous dans cet acte, nous avons résolu de le mettre en vigueur en y introduisant les modifications qui ont été jugées convenables.

ARTICLE 1er. — La Commission instituée par notre décret du 4 avril 1868 sera réunie à Tunis dans le délai d'un mois.

ART. 2. — Cette Commission sera divisée en deux comités distincts : un comité exécutif et un comité de contrôle.

ART. 3. — Le comité exécutif sera composé de la manière suivante :

Deux fonctionnaires tunisiens nommés par le Gouvernement de la Régence et un inspecteur des finances français, également nommé par le Gouvernement de la Régence, et préalablement désigné par le Gouvernement de l'Empereur.

ART. 4. — Le comité exécutif est chargé de constater l'état actuel des diverses créances constituant la dette de la Régence et les ressources à l'aide desquelles le Gouvernement du Bey serait en mesure d'y satisfaire.

ART. 5. — Le comité exécutif ouvrira un registre sur lequel seront inscrites toutes les dettes contractées tant à l'étranger qu'à l'intérieur, et qui consistent en teskérés ou bons du Trésor, ainsi qu'en obligations de l'emprunt de 1863 et de celui de 1865.

Pour les dettes qui ne seront pas contrôlables par des contrats publics, les porteurs de titres devront se présenter dans un délai de deux mois. A cet effet, le comité exécutif veillera à ce qu'il soit publié un avis dans les journaux de Tunis et à l'étranger.

ART. 6. — Lorsque le comité exécutif témoignera le désir de prendre connaissance de tous les documents authentiques des rentrées et des dépenses, le Ministère des finances lui en fournira les moyens.

Art 7. — Le budget des recettes étant ainsi placé en regard de celui des dépenses, augmenté du chiffre de la dette, le comité exécutif recherchera les moyens d'établir une répartition équitable des revenus publics, en tenant compte dans une juste proportion de tous les intérêts, et il dressera un tableau des revenus qui pourraient être ajoutés à l'ensemble des garanties déjà attribuées aux créanciers du Bey.

Art. 8. — Le comité exécutif prendra tous arrangements relatifs à la dette générale et le Gouvernement Tunisien lui donnera tout l'appui nécessaire pour assurer l'exécution des mesures prises à cet effet.

Art. 9. — Le comité exécutif percevra tous les revenus de l'État, sans exception, et le Gouvernement ne pourra émettre aucun bon du Trésor ou valeur quelconque sans l'assentiment dudit comité, dûment autorisé par le comité de contrôle, et si le Gouvernement était obligé, ce que Dieu ne veuille, à contracter un emprunt, il ne pourra le faire sans l'approbation préalable des deux comités.

Tous les teskérés qui seraient émis pour la somme affectée par la Commission aux dépenses du Gouvernement seront écrits au nom de la Commission et porteront le visa du comité exécutif; ces teskérés ne devront point ex·céder le chiffre fixé au budget des dépenses.

Art. 10. — Le comité de contrôle sera composé de la manière suivante :

Deux membres français, représentant les créanciers des emprunts de 1863 et 1865 ;

Deux membres anglais et deux membres italiens, représentant les porteurs des titres de la dette intérieure.

Chacun de ces délégués recevra directement son mandat des porteurs de titres des emprunts et conversions de l'État Tunisien, dûment prévenus, à cet effet, par les soins du Gouvernement de la Régence, et sous la surveillance du comité exécutif.

Art. 11. — Le comité de contrôle connaîtra de toutes les opérations du comité exécutif. Il sera chargé de les vérifier et de les approuver, s'il y a lieu. Son approbation sera nécessaire pour donner un caractère exécutoire aux mesures d'intérêt général délibérées par le comité exécutif.

Les onze articles ci-dessus ont été stipulés le . . . . . . .

LE CONSUL GÉNÉRAL DE FRANCE à Tunis,
au Ministre des Affaires étrangères.

Tunis, le 6 juillet 1869.

Monsieur le Marquis, ainsi que j'en ai informé ce matin Votre Excellence par le télégraphe, le Bey a signé hier soir le décret dont vous m'avez envoyé le projet. Quelques légères modifications, purement de forme, ont seules été faites au préambule, et un douzième article a été ajouté aux onze premiers chargeant le Khaznadar de l'exécution du décret. Votre Excellence trouvera d'ailleurs ci-joint la traduction du texte arabe qui m'a été remis.

J'ai eu, comme je le prévoyais, à lutter contre d'assez grandes difficultés, nées surtout des craintes que s'efforçaient depuis longtemps d'inspirer au Bey et à son Ministre toutes les personnes intéressées à la prolongation du désordre qui règne aujourd'hui dans les finances du pays. Je les ai heureusement surmontées à la suite de deux longs entretiens avec le Khaznadar. Quand je suis arrivé chez le Bey, la question était déjà résolue dans l'esprit de Son Altesse, et le décret a pu être signé le même jour.

La chose importante maintenant est que, dans la composition du comité exécutif, le choix du Bey tombe sur des personnes dont l'intelligence et l'intégrité méritent confiance.

Je n'ai pas à intervenir dans la nomination des membres du comité de contrôle. Les deux membres français représentant les porteurs des obligations de 1863 et 1865 seront nécessairement choisis en France; les quatre autres membres, aux termes de l'article 10, représenteront les porteurs de titres de la dette intérieure, et chacun d'eux devra recevoir directement son mandat des porteurs de titres des conversions.

Veuillez agréer, etc.

Signé BOTMILIAU.

———————

Son Altesse le Bey de Tunis
  au Consul général de France.

(Après les compliments d'usage.) . . . . . . . . . . . . . . . . . . . Il nous
a paru convenable, dans l'intérêt des finances de notre Gouvernement,
dans celui de nos sujets et du commerce, d'instituer une Commission
financière conforme aux onze articles décrits dans notre décret portant
la date d'aujourd'hui et dont vous trouverez ci-joint copie. Nous vous
avons transmis cette circulaire en vous priant d'en donner connaissance à tous vos administrés. Et demeurez, etc. Écrit le 26 de Rebi-
el-Aouel 1286 (5 juillet 1869).

Contre-signé Moustapha.

———

DÉCRET DE S. A. LE BEY INSTITUANT LA COMMISSION FINANCIÈRE.

Louange à Dieu. Que la prière de Dieu soit sur notre seigneur et maître
Mohammed, sur sa famille, ses compagnons, et le salut!

De la part du serviteur de Dieu glorifié, de celui qui se confie en lui et lui
laisse le soin de ses destinées, le Mouchir Mohammed-el-Sadock, Pacha-Bey,
possesseur du royaume de Tunis, que Dieu le protège!

A tous ceux qui les présentes verront, salut!

Il nous a paru convenable dans l'intérêt des finances de notre royaume,
dans celui de nos sujets et du commerce, d'instituer une Commission financière, basée sur le projet de décret du 4 avril de l'année passée, confirmée par
un autre décret de nous émané le 29 mai suivant, et nous avons arrêté ce
qui suit :

Art. 1er. — La Commission instituée par notre décret du 4 avril 1868
se réunira dans notre capitale dans le délai d'un mois à partir de la date du
présent décret.

Art. 2. — La Commission susdite est divisée en deux comités distincts :
un comité exécutif et un comité de contrôle.

Art. 3. — Le comité exécutif est composé de la manière suivante : deux
fonctionnaires de notre Gouvernement nommés par nous-même et un inspec-

teur des finances français, également nommé par nous-même et préalablement désigné par le Gouvernement de Sa Majesté l'Empereur.

ART. 4. — Le comité exécutif est chargé de constater l'état actuel des diverses créances constituant la dette du Royaume et les ressources à l'aide desquelles notre Gouvernement serait en mesure d'y satisfaire.

ART. 5. — Le comité exécutif ouvrira un registre sur lequel seront inscrites toutes les dettes contractées tant en dehors du Royaume qu'à l'intérieur, et qui consistent en teskérés du Trésor ainsi qu'en obligations de l'emprunt de 1863 et de celui de 1865. Pour les dettes qui ne sont point contrôlables par des contrats, les porteurs de titres devront se présenter dans un délai de deux mois, et, à cet effet, le comité exécutif veillera à ce qu'il soit publié un avis dans les journaux de Tunis et dans ceux de l'Europe.

ART. 6. — Lorsque le comité exécutif voudra prendre connaissance de tous les documents authentiques des rentrées et des dépenses, le Ministère des finances lui en fournira tous les moyens.

ART. 7. — Le budget des recettes ainsi placé en regard de celui des dépenses, augmenté du chiffre de la dette, le comité exécutif recherchera les moyens d'établir une répartition équitable des revenus publics, en tenant compte dans une juste proportion de tous les intérêts, et il dressera un tableau des revenus qui pourraient être ajoutés à l'ensemble des garanties déjà attribuées aux créanciers.

ART. 8. — Le comité exécutif prendra tous les arrangements relatifs à la dette générale, et nous lui donnerons tout l'appui nécessaire et le plus complet pour assurer l'exécution des mesures prises à cet effet.

ART. 9. — Le comité exécutif percevra tous les revenus du Royaume, sans exception aucune, et notre Gouvernement ne pourra émettre aucun teskéré du Trésor, sous n'importe quelle forme, sans l'assentiment dudit comité, dûment autorisé par le comité de contrôle, et, si le Gouvernement était obligé de contracter un emprunt, il ne pourra le faire sans l'approbation des deux comités. Tous les teskérés qui seront émis pour la somme affectée par la Commission, pour les dépenses du Gouvernement, seront écrits au nom de la Commission et porteront le visa du comité exécutif, et ces teskérés ne devront point excéder le chiffre fixé au budget des dépenses.

ART. 10. — Le comité de contrôle est composé de la manière suivante : de deux membres français, représentant les porteurs d'obligations des emprunts de l'année 1863 et de l'année 1865 ; de deux membres anglais et de deux membres italiens, représentant les porteurs des titres de la dette intérieure. Chacun de ces délégués recevra directement son mandat des porteurs de titres de deux emprunts et des porteurs de titres des conversions de notre Royaume. Ils en recevront avis de nous par les soins du comité exécutif.

ART. 11. — Le comité de contrôle a le droit de connaître de toutes les opérations du comité exécutif; il est chargé de les vérifier et de les approuver, s'il y a lieu. Son approbation est nécessaire pour donner un caractère exécutoire aux mesures d'intérêt général délibérées par le comité exécutif.

ART. 12. — Ordonnons à notre Premier Ministre de mettre à exécution le contenu des onze articles ci-dessus; nous nommerons les deux fonctionnaires, et nous demandons, ainsi qu'il est dit à l'article 3 du présent décret, et ce dans le plus bref délai possible, l'inspecteur des finances français.

Les douze articles ci-dessus ont été écrits en notre Palais de la Goulette, le 26 de Rebi-el-Aouel 1286 (5 juillet 1869).

La présente copie a été collationnée à l'original et trouvée conforme.

Approuvée par celui qui l'a écrite :

Signé YOUSSEF DJAIT,

*Chef des écrivains du Ministère des Affaires étrangères.*

LE CONSUL GÉNÉRAL DE FRANCE à Tunis
au Ministre des Affaires étrangères.

(*TÉLÉGRAMME.*)

Tunis, 10 juillet 1869.

Le Bey a nommé le général Kereddine et le général Mohammed Khaznadar, Ministre de la Marine, membres de la Commission.

Le Consul général de France à Tunis
au Ministre des Affaires étrangères.

(*extrait.*)

Tunis, le 15 juillet 1869.

Monsieur le Marquis, par une circulaire en date d'hier, dont Votre Excellence trouvera ci-joint la traduction, le Bey a invité les Agents étrangers résidant à Tunis à informer leurs nationaux d'avoir à se réunir pour la nomination des membres du comité de contrôle.

Veuillez agréer, etc.

Signé Botmiliau.

————

Son Altesse le Bey de Tunis
au Consul général de France.

(Après les compliments d'usage.) . . . . . . . . . . . . Conformément à l'article 10 de notre décret en date du 26 du mois passé, le comité de contrôle doit être composé de deux Français représentant les porteurs des obligations des emprunts des années 1863 et 1865, de deux Anglais et de deux Italiens, représentant les porteurs de titres des conversions. Nous avons choisi et nommé, conformément aux articles 3 et 12 de notre même décret, les deux fonctionnaires tunisiens qui doivent faire partie du comité exécutif, et nous avons demandé au Gouvernement Français, par l'entremise de son très-honorable Consul général à Tunis, l'envoi de l'Inspecteur des finances français. Il ne reste donc plus aujourd'hui qu'à élire les membres du comité de contrôle. Mon Gouvernement vous prie, en conséquence, d'inviter vos administrés à élire les membres de ce comité, à l'effet de représenter leurs intérêts, en les munissant de délégations authentiques ne donnant lieu à aucune contestation.

Demeurez, etc.

Écrit le 5 de Rebi-el-Tani 1286 (14 juillet 1869).

Contre-signé MOUSTAPHA.

---

M. LE PRINCE DE LA TOUR D'AUVERGNE,
  Ministre des Affaires étrangères,
    au Consul général de France à Tunis.

(EXTRAIT.)

Paris, le 26 juillet 1869.

Monsieur, je vous ai recommandé de procéder, en tout ce qui regarde la Commission financière, par voie d'entente préalable avec vos Collègues d'Angleterre et d'Italie. En insistant sur cette prescription, je ne fais que me conformer à la pensée qui a dirigé le Gouvernement de l'Empereur dans les négociations relatives à l'affaire de Tunis. Lorsque, tenant compte des objections soulevées par le décret du Bey, du 4 avril 1868, il est entré en pourparlers avec les Cabinets de Londres et de Florence, il s'est proposé pour but de mettre en lumière la communauté des intérêts et la nécessité d'un accord entre les trois Puissances. Les porteurs des titres de la dette intérieure, anglais et italiens pour la plupart, ayant été mieux traités jusqu'alors que les souscripteurs français des emprunts extérieurs, semblaient croire qu'il leur importait de contrecarrer les démarches tentées par nous en faveur de nos nationaux. Nous étions persuadés au contraire que la ruine des créanciers français du Bey entraînerait celle des nationaux anglais ou italiens engagés dans les conversions et que, pour succomber plus tard, ces derniers n'en seraient pas moins enveloppés dans la catastrophe devenue inévitable à nos yeux, si l'union des efforts ne succédait à la lutte des influences.

Nous avons agi d'après ces principes dans toutes les démarches que nous avons faites à Londres aussi bien qu'à Florence et nous nous sommes appliqués à convaincre les deux Cabinets que, sans une entente complète, il était impossible pour eux comme pour nous d'espérer aucun résultat utile. Nous croyons leur avoir fait partager notre conviction, et l'arrangement qui a prévalu pour la Commission financière est la conséquence du concert qui s'est établi. Pour que cette combinaison soit appliquée dans son esprit, il est nécessaire que les Agents à Tunis marchent en parfait accord. Je vous invite, en ce qui vous concerne, à vous conformer en toute circonstance à cette règle de conduite. Nous comptons sur une entière réciprocité de la part de vos Collègues, et vous devez éviter avec le plus grand soin tout ce qui pourrait compromettre cette entente.

Recevez, etc.

Signé Prince de LA TOUR D'AUVERGNE.

---

### LE MINISTRE DES AFFAIRES ÉTRANGÈRES
#### au Consul général de France à Tunis.

Paris, le 27 juillet 1869.

Monsieur, M. le Chevalier Nigra m'a fait connaître la substance d'une dépêche adressée par le Général Menabrea au Consul général d'Italie à Tunis. M. le Ministre des Affaires étrangères d'Italie y donne des conseils qui m'ont paru empreints d'un grand esprit de sagesse. Il fait remarquer à M. Pinna que la réussite de la combinaison acceptée par les trois Puissances dépend des bonnes dispositions de ceux qui sont chargés de mettre à exécution le décret du Bey. Cet agent est invité à user de son influence auprès des nationaux italiens pour les convaincre des avantages réels qu'ils peuvent retirer de cet acte. M. le Général Menabrea déclare enfin que son désir est de voir la meilleure entente régner entre M. le Consul général d'Italie et ses collègues de France et d'Angleterre, car, ajoute-t-il, le plus sûr moyen d'obtenir une solution aussi satisfaisante que possible, c'est d'éviter toutes les difficultés et tous les dissentiments qui pourraient surgir entre les Représentants des trois États. Vous savez déjà que lord Clarendon a adressé des recommandations analogues à M. Wood, en faisant ressortir l'avantage qu'auraient les créanciers anglais et italiens à identifier leurs intérêts avec ceux des créanciers français. Le principal secrétaire d'État insistait particulièrement sur la nécessité d'écarter désormais l'idée d'une action isolée. Le langage tenu à vos collègues répond parfaitement à nos propres sentiments, et il est tout à fait conforme à l'esprit des instructions que je vous renouvelle dans une autre dépêche en date d'hier. J'ai l'espoir que cette pensée de concorde et de bonne harmonie prévaudra de plus en plus dans les rapports des trois agents.

Recevez, etc.

Signé Prince DE LA TOUR D'AUVERGNE.

---

LE MINISTRE DES AFFAIRES ÉTRANGÈRES
au Consul général de France à Tunis.

(*TÉLÉGRAMME.*)

Paris, le 30 juillet 1869.

Je vous prie de proposer à la nomination du Bey, comme membre français du comité exécutif, M. Villet, Inspecteur général des finances. Faites-moi connaître par télégramme la décision du Gouvernement Tunisien.

---

LE CONSUL GÉNÉRAL DE FRANCE à Tunis
au Ministre des Affaires étrangères de S. A. le Bey.

Tunis, le 31 juillet 1869.

Monsieur le Premier Ministre, un télégramme que je viens de recevoir de Son Exc. le Ministre des Affaires étrangères de l'Empereur m'annonce que M. Villet, Inspecteur général des finances, a été désigné pour venir à Tunis. J'ai l'honneur de le proposer à la nomination du Bey, comme membre du Comité exécutif.

Veuillez agréer, etc.

Signé BOTMILIAU.

---

LE MINISTRE DES AFFAIRES ÉTRANGÈRES DE S. A. LE BEY
au Consul général de France à Tunis.

Nous avons reçu votre lettre en date du 31 juillet 1869, par laquelle vous nous apprenez avoir reçu un télégramme de Son Exc. le Ministre, qui vous fait connaître le choix fait par le Gouvernement Français, notre ami, de la personne de M. Villet, Inspecteur des finances. Nous nous sommes empressé d'en référer à Son Altesse, qui me charge de vous prier de remercier le Gouvernement Français d'avoir fait choix d'un homme tel que M. Villet, qui doit être chargé d'une œuvre aussi importante. Déjà Son Altesse l'a nommé comme un des membres du Comité exécutif, conformément au décret promulgué le 26 du mois passé. Nous prions Dieu de conduire les affaires de la manière la plus satisfaisante.

Veuillez agréer, etc.

Écrit le 30 de Rebi-el-Tani 1286 (12 août 1869).

Signé MOUSTAPHA.

---

LE CONSUL GÉNÉRAL DE FRANCE à Tunis
au Ministre des Affaires étrangères.

(EXTRAIT.)

Tunis, le 6 août 1869.

Prince, l'élection des quatre membres anglais et italiens du comité de contrôle a eu lieu hier au Palais de Dar-el-Bey, dans la forme arrêtée d'avance entre les deux membres tunisiens du comité exécutif, mes collègues d'Angleterre et d'Italie et moi. Ont été élus membres anglais : MM. Santillana et Lévy; membres italiens: MM. Fédriani et Guttiérès.

Veuillez agréer, etc.

Signé BOTMILIAU.

---

LE CONSUL GÉNÉRAL DE FRANCE à Tunis,
    au Ministre des Affaires étrangères.

Tunis, le 13 septembre 1869.

Prince, le Khaznadar doit écrire par le prochain courrier à l'Agent du Bey à Paris, pour qu'il invite les obligataires à nommer les deux membres français du comité de contrôle. Votre Excellence trouvera ci-joint le projet de la lettre que le premier Ministre du Bey adresse à l'Agent de Son Altesse à Paris.

Veuillez agréer, etc.

Signé BOTMILIAU.

---

LE MINISTRE DES AFFAIRES ÉTRANGÈRES DE S. A. LE BEY,
    à M. le Baron de Lesseps, Agent de S. A. le Bey, à Paris.

Tunis, septembre 1869.

Monsieur, la Commission financière instituée par le décret de S. A. le Bey, en date du 26 Rebi-el-Aouel 1286 (5 juillet 1869), se divise, vous le savez, en deux comités distincts : l'un appelé comité exécutif, l'autre comité de contrôle.

Le premier, composé de trois membres nommés directement par décret de Son Altesse, se trouve en ce moment régulièrement constitué et vient d'entrer en fonctions.

Le comité de contrôle, chargé de représenter les intérêts des diverses catégories de possesseurs de titres de la dette tunisienne, doit se composer de six membres : deux Français, deux Anglais, deux Italiens, recevant directement leur mandat des porteurs de ces titres.

Déjà il a été procédé, par les soins et sous la surveillance du Gouvernement, à l'élection des membres anglais et italiens, qui représentent particulièrement les créanciers de la dette intérieure, résidant presque tous dans la Régence. Il reste à provoquer la désignation des deux membres français chargés de représenter les obligataires des emprunts de 1863 et 1865, et il importe, aussi bien pour dissiper les dernières hésitations qui peuvent exister encore dans l'opinion publique que pour mettre la Commission financière à même de se constituer régulièrement et d'entrer, dès que les faits le permettront, dans l'exécution entière des dispositions du décret du 5 juillet, de hâter autant que possible cette nomination.

Sur l'avis exprimé par le comité exécutif, Son Altesse a pensé que, dans cette circonstance, votre concours était nécessaire, et que seul il pouvait permettre de donner à l'élection des deux membres français les garanties d'indépendance et. de sincérité dont l'auteur du décret s'est préoccupé. Je dois en conséquence vous faire connaître les principes généraux auxquels, sur la proposition du comité exécutif, Son Altesse a bien voulu donner son assentiment, et qui devront servir de bases aux diverses dispositions que vous aurez à prendre pour l'accomplissement de cette mission.

Tous les obligataires doivent être mis en demeure de prendre part à la désignation de leurs représentants. Le grand nombre de ces ayants droit, disséminés non-seulement dans toutes les parties de la France, mais encore à l'étranger, exige qu'une large publicité prépare et entoure l'exécution de cette disposition du décret du 5 juillet.

Le choix de chaque électeur devra être formulé par un vote, et l'on devra admettre le vote direct comme le vote par procuration.

Nul ne sera admis au vote direct qu'après le dépôt entre vos mains des titres dont il sera propriétaire. Toute procuration sera également déposée au préalable entre vos mains; elle devra être accompagnée des titres possédés par le signataire.

Chaque obligataire aura un droit de vote égal, quel que soit le nombre de titres en sa possession.

La nomination des deux membres français sera définitive, quel que soit le nombre des obligations représentées par les obligataires votants.

Enfin, toutes les formalités relatives à la convocation et à la réunion des porteurs de titres, à la réception et au dépouillement des votes, seront accomplies sous votre direction et votre surveillance.

Tels sont, Monsieur, les principes, analogues d'ailleurs à ceux adoptés pour les élections à Tunis des membres anglais et italiens, qui devront vous diriger dans l'accomplissement de la mission nouvelle que S. A. le Bey a résolu de vous confier; quant aux moyens d'exécution, Son Altesse en laisse le choix à la haute expérience et au dévouement dont vous lui avez donné depuis longtemps des preuves nombreuses.

---

LE MINISTRE DES AFFAIRES ÉTRANGÈRES,
au Consul général de France à Tunis.

Paris, le 23 novembre 1869.

Monsieur, conformément aux dispositions que l'Agent du Bey à Paris avait été chargé de rendre publiques, les souscripteurs des emprunts de 1863 et 1865, réunis en assemblée générale, ont procédé hier à la désignation des deux membres français du comité de contrôle. Leur suffrage s'est porté sur MM. le commandant Bonfils et Albert Dubois, qui ont été élus à la presque unanimité des votes. Ainsi se trouve réalisée la dernière et la plus difficile partie du programme tracé par le décret du 5 juillet, en vue de constituer la Commission des finances et, les opérations préliminaires étant heureusement achevées, rien ne s'oppose plus à ce que les délégués puissent aborder la tâche qui leur a été dévolue. Les difficultés qui avaient leur raison d'être dans la formation jusqu'ici incomplète de la Commission, disparaissent par le fait même.

22.

Il ne me reste plus qu'à faire appel à l'esprit de conciliation des membres des deux Comités. Nous sommes, vous le savez, convaincus de la communauté des intérêts. Ils ont pu paraître distincts à l'époque où les souscripteurs des conversions et des emprunts se disputaient les revenus du Trésor tunisien et semblaient croire que la question consistait uniquement à se faire attribuer certaines garanties dont l'usage était contesté. La situation a changé le jour où il est devenu évident qu'il n'existait plus de garanties sérieuses pour personne, et que les intérêts anglais et italiens étaient menacés, aussi bien que les intérêts français, d'être entraînés dans une ruine commune. Enfin, le Gouvernement Tunisien lui-même, dans la position où il s'est placé, ne peut que trouver son avantage à faciliter la tâche des Commissaires, qui n'ont pas seulement pour but d'obtenir que satisfaction soit donnée aux créanciers du Bey, mais qui doivent aussi lui prêter leur concours pour la réorganisation de ses finances.

Je me plais à espérer que ce sentiment de solidarité présidera aux travaux de la Commission, et c'est en ce sens que je vous invite à exercer votre influence dans toutes les occasions que vous pourrez avoir de faire entendre vos conseils.

Recevez, etc.

Signé Prince DE LA TOUR D'AUVERGNE.

# JAPON.

·

# JAPON.

M. Outrey, Ministre de France au Japon,
au Ministre des Affaires Étrangères.

Yokohama, 14 janvier 1869.

Monsieur le Marquis, par ma dépêche en date du 18 décembre dernier, j'ai eu l'honneur d'annoncer à Votre Excellence l'arrivée du Mikado à Yédo, et je lui faisais connaître que j'avais manifesté aux Ministres japonais l'intention de remettre mes lettres de créance. J'avais chargé M. le Comte de Montebello, accompagné du drogman, M. Dubousquet, de régler avec Chigashi Gouzé tous les points du cérémonial qui serait observé à cette occasion.

Comme c'était la première fois qu'un Ministre de France remettait une lettre de son Souverain, il était important de ne pas admettre des précédents qu'on aurait pu regretter plus tard. Après m'en être entendu avec le commandant de nos forces navales, j'avais annoncé que j'irais à Yédo avec tous les bâtiments de guerre de la division actuellement à Yokohama, et que je me rendrais au Palais impérial avec une escorte de cent cinquante ou cent soixante hommes des compagnies de débarquement. Les autorités japonaises ont paru voir avec plaisir mon intention d'entourer d'une grande pompe une démarche à laquelle elles attachaient une importance toute particulière, et elles ont mis un empressement extrême à satisfaire à toutes les demandes que M. de Montebello a faites en mon nom. Le seul point qui les a un instant embarrassées était de décider que je ne mettrais pied à terre qu'à la dernière porte du Palais où les Princes du sang seuls descendent de cheval ou de leur chaise à porteurs; mais la concession a été faite sans grande difficulté.

Le 30 décembre j'ai reçu du Ministre des Affaires étrangères la lettre ci-jointe par laquelle il m'annonçait que le Mikado me recevrait le 4 janvier. Le 2 je suis parti pour Yédo avec tout le personnel de la légation, à bord de la frégate *la Minerve*, qui était accompagnée du *Dupleix* et de *la Flamme*. L'audience a eu lieu à la date indiquée, et je suis heureux de pouvoir dire à Votre Excellence que j'ai rencontré une courtoisie parfaite de la part de toutes les Autorités japonaises.

J'avais été accompagné à cette audience par M. le commandant en chef des forces navales et par les officiers supérieurs de la division, que j'ai présentés au Mikado en même temps que les différents membres de la légation.

Le même jour que moi, les Ministres d'Italie et de Hollande ont remis leurs lettres de créance. Le lendemain le Ministre d'Amérique, le Chargé d'affaires de Prusse ainsi que le Ministre d'Angleterre ont été successivement reçus par le Mikado. Sir Harry Parkes avait déjà depuis huit mois remis à Osaka la lettre de sa Souveraine. M. Van Valkenburg n'avait pas encore de lettres de créance, et M. de Brandt ne pouvait pas en être muni, puisqu'il n'a que le caractère de Chargé d'affaires. Ils n'en ont pas moins été reçus en audience publique et avec le même cérémonial observé la veille.

Si l'on se reporte à quelques années en arrière, à l'époque où on avait tant de peine à faire ratifier les traités par le Mikado, il est évident que l'Europe a fait de grands progrès au Japon ; mais ce qui doit frapper encore davantage, c'est la certitude acquise aujourd'hui que le Gouvernement Japonais est non moins désireux que les représentants étrangers de voir s'établir des relations directes avec le Souverain. Depuis le commencement de la révolution, il y avait une grande incertitude sur l'attitude que prendraient les Gouvernements européens, et on désirait provoquer une manifestation publique qui ferait disparaître les dernières espérances d'un parti qui rêve encore le retour au passé. Le voyage du Mikado à Yédo a eu certainement pour but principal de faire cesser l'abstention des Ministres en les obligeant à reconnaître officiellement le nouveau Gouvernement.

Pour mon compte, je suis très-heureux que cette circonstance m'ait permis de faire acte public d'adhésion.

Quelques jours après mon audience, Chigashi Couzé est venu me voir pour m'annoncer que Yédo allait être déclaré la capitale de l'Empire, et que dans quelques jours un décret du Mikado y convoquerait tous les Daïmios pour constituer une assemblée à laquelle on attribuerait une part importante dans l'administration du pays. L'époque de la réunion devant être fixée au printemps prochain, c'est à cette époque seulement que nous pourrons juger le degré d'autorité dont jouit le Souverain.

En attendant, le Mikado retourne à Kioto. La lettre ci-jointe, en nous annonçant cette nouvelle inattendue, s'efforce de nous en donner l'explication. Il en résulte que Sa Majesté est obligée de se rendre dans la capitale religieuse pour y présider à des cérémonies funéraires devant avoir lieu au jour anniversaire du décès de son prédécesseur, et aussi pour y célébrer son mariage avec la fille d'un Kougé. Les Ministres japonais affirment que le voyage du Mikado dans le Sud ne durera pas plus de trois mois.

Veuillez agréer, etc.

Signé OUTREY.

----

CHIGASHI COUZÉ, MINISTRE DU MIKADO,
au Ministre de France.

17 du 11° mois — 3o décembre 1868.

J'ai l'honneur de vous communiquer qu'à propos du voyage de S. M. Tenno (le Mikado) à l'Est (Yédo) pour s'y rendre compte de l'état des peuples afin de les bien gouverner, Elle se propose de voir les Représentants des Puissances étrangères pour témoigner son désir de resserrer les relations de l'amitié qui existe actuellement, et j'ai reçu l'ordre de S. M. Tenno de vous annoncer qu'Elle daignera vous recevoir le 22° jour du 11° mois (4 janvier 1869).

Signé CHIGASHI COUZÉ.

---

CHIGASHI COUZÉ
au Ministre de France.

12 janvier 1869.

Le Mikado, au moment où la guerre sévissait dans les provinces révoltées du Nord et de l'Est, s'était décidé, dans l'intérêt de son peuple, à venir à Yédo prendre lui-même les rênes du Gouvernement.

Depuis, la tranquillité s'est partout rétablie dans le pays, et, le 25 du douzième mois (6 février), tombe l'anniversaire de la mort de l'ancien Mikado; de plus, dans le courant de cette année, le Mikado a arrêté son mariage avec la fille du Kougé Itzi-Djio Sa daï Zin et désire mettre ce projet à exécution. A tous ces motifs, dans la première décade du douzième mois (13-23 janvier 1869), le Mikado retournera momentanément à Kioto.

Toutefois, le Mikado tient à revenir à Yédo au printemps prochain. Tel est l'objet de la lettre que je prie Votre Excellence de vouloir bien agréer.

Signé CHIGASHI COUZÉ.

---

DISCOURS ADRESSÉ AU MIKADO PAR LE MINISTRE DE FRANCE À L'OCCASION DE LA REMISE
DE SES LETTRES DE CRÉANCE.

Sire, comme témoignage de son désir de resserrer les liens d'amitié qui unissent la France au Japon, l'Empereur, mon Auguste Souverain, a voulu que son nouveau Représentant fût revêtu du caractère de Ministre plénipotentiaire, et j'ai l'honneur de remettre entre les mains de Votre Majesté la lettre qui m'accrédite auprès d'elle en cette qualité.

J'obéirai à la volonté expresse de mon Souverain en employant tous mes efforts à consolider les bons rapports qui existent entre les deux pays, et je ne fais que répondre aux sentiments qui animent Sa Majesté en exprimant des vœux sincères pour la prospérité du Japon. Mon Gouvernement a la ferme confiance que l'établissement par Votre Majesté d'un pouvoir fort et puissant, qui fera régner l'ordre et la sécurité dans l'Empire, contribuera en même temps à cimenter les relations internationales, en encourageant le développement du commerce extérieur et en assurant une entière protection aux intérêts européens.

J'ose espérer que Votre Majesté daignera me faciliter la mission qui m'est confiée en m'accordant sa haute bienveillance.

---

RÉPONSE DU MIKADO.

Nous faisons des vœux pour la conservation de votre Souverain et pour le progrès des relations des deux Empires.

Pour assurer le développement de ces relations, l'Empereur de votre noble Pays vient de confier le soin de le représenter à un homme supérieur, et a daigné nous adresser une lettre des plus amicales qui nous a causé une profonde satisfaction.

Nous désirons que nos deux Empires s'unissent par des liens intimes et durables, et le choix de la personne que l'Empereur a nommée son représentant dans notre Empire, nous donne la confiance que ce désir sera accompli.

Vous pouvez vous-même compter sur toute notre bienveillance.

Veuillez bien vous pénétrer des sentiments cordiaux qui nous animent à l'égard de votre noble Souverain, afin de pouvoir être l'interprète fidèle de notre pensée auprès de Sa Majesté.

Nous savons que nous pouvons compter sur votre zèle et vos efforts dans l'accomplissement du mandat qui vous a été confié, et nous désirons que, maintenu longtemps dans le poste que vous occupez, vous nous aidiez à consolider la base sur laquelle reposent les relations des deux Empires.

---

Le Ministre de France au Japon,
    au Ministre des Affaires étrangères.

Yokohama, le 12 janvier 1869.

Monsieur le Marquis, il y a quelque temps, des lettres venues de Nangasaki nous ont appris qu'un nouveau centre de Chrétiens avait été découvert dans les îles Goto, à l'extrémité sud du Japon, et qu'un certain nombre d'entre eux avaient été arrêtés et soumis à la torture.

Quoique mes collègues n'eussent pas de renseignements bien précis, ils pensèrent comme moi qu'il y avait lieu d'intervenir auprès des autorités japonaises. Notre intention était d'adresser une note identique, dans laquelle, en évitant de discuter les lois japonaises, nous aurions apprécié avec sévérité les traitements infligés aux Chrétiens et réclamé en leur faveur l'observation des principes d'humanité qui régissent les pays civilisés.

Le Gouvernement, prévenu du mécontentement soulevé chez tous les Représentants par les nouvelles arrivées du Sud, a pris l'initiative d'une démarche ayant pour but de nous assurer de ses dispositions conciliantes.

Le Prince Owasima, Premier Ministre pour les Affaires étrangères, est venu lui-même à Yokohama dans les derniers jours de décembre. Le lendemain de son arrivée, il m'a fait une visite pendant laquelle il a abordé, sans aucune hésitation, la question des Chrétiens. Il me dit que, si l'état de trouble dans lequel se trouvait le pays avait obligé le Gouvernement du Mikado à différer l'envoi d'une réponse à la note du mois de mai dernier, il n'avait cependant pas perdu de vue une affaire aussi importante, et qu'il était disposé à nous adresser une communication officielle qui nous donnerait une satisfaction aussi complète que les circonstances le permettaient.

Le Prince Owasima est un homme intelligent, aux allures franches et ouvertes, et j'ai pu lui bien expliquer la situation telle que je la comprends. J'ai écarté avec soin toute pensée d'ingérence dans l'administration intérieure du pays, mais je ne lui ai pas dissimulé que les Puissances européennes ne pouvaient rester indifférentes à des mesures odieuses qui blessaient les sentiments religieux de leurs peuples, et que, si le Gouvernement Japonais ne prenait pas des dispositions sérieuses pour arrêter les persécutions, il devait s'attendre un jour à voir une indignation générale s'emparer de l'opinion publique et entraîner peut-être les Puissances à intervenir dans des conditions qu'aujourd'hui elles ont à cœur d'éviter. Ce langage, auquel j'ai donné une forme essentiellement amicale, paraît avoir produit quelque impression aussi bien sur le Premier Ministre que sur Chigashi Couzé et quelques autres fonctionnaires présents à l'entrevue.

Passant des considérations générales aux faits particuliers qui nous occupaient, j'ai cherché à préciser la question. Le Prince Owasima me promit que la note officielle serait catégorique, qu'elle désapprouverait les mauvais traitements infligés aux Chrétiens, qu'elle annoncerait l'envoi d'ordres pour les faire cesser, et qu'elle donnerait l'assurance que des mesures efficaces seraient prises pour empêcher le renouvellement de faits aussi regrettables. Ces mêmes déclarations ayant été faites à tous les Représentants, nous avons pensé que nous devions attendre la réception de la communication annoncée.

Lors de mon séjour à Yédo, j'ai insisté pour que l'on me mît en mesure de faire connaître par le courrier à Votre Excellence les intentions du Gouvernement Japonais.

Le 11, j'ai reçu une communication dont la rédaction vague et embarrassée ne répond pas entièrement aux assurances verbales qui nous avaient été données, mais je suis certain que Votre Excellence reconnaîtra que nous avons fait un grand pas dans la question. Il n'y a pas un an qu'à toutes les ouvertures les Autorités japonaises répondaient que la religion chrétienne était interdite au Japon et qu'on ne pouvait pas toucher à une loi fondamentale de l'Empire. A moi-même, il y a quatre mois, Kamatzou faisait valoir comme une concession qu'on n'appliquât pas cette loi dans toute sa rigueur, et qu'au lieu d'être condamnés à mort, les Chrétiens ne fussent soumis qu'aux travaux forcés. Aujourd'hui, on laisse entendre que les peines de la torture ne doivent être infligées qu'aux gens accusés de sorcellerie, confondus avec les Chrétiens, et, enfin, Chigashi Couzé fait une déclaration très-importante en disant que, « toutefois, le moment est venu où le « caractère de nos relations avec votre pays devient particulièrement « sérieux, et ce serait compromettre ces relations que de traiter avec « cruauté des Japonais qui embrassent la religion de votre pays. C'est « pourquoi, à la suite des délibérations qui ont eu lieu dans le Gouver- « nement, il a été décidé que l'on ne maintiendrait pas ces lois cruelles, « et que l'on aurait recours à des mesures plus douces et plus hu- « maines. »

C'est là, évidemment, un langage nouveau qui rejette bien loin les obstacles insurmontables qu'on nous avait toujours opposés. Je ne crois donc pas m'exagérer la valeur du document transmis au nom du Mikado, en le considérant comme l'indice d'un changement notable dans les dispositions du Gouvernement à l'égard des Chrétiens. Je vais même plus loin : dans mon opinion, les circonlocutions, les ménage- ments et les réserves des Ministres, leur circonspection, enfin, qui donne la mesure des embarras que cette question des Chrétiens peut leur créer, m'inspirent plus de confiance dans leur désir sincère de donner satisfaction à l'Europe que des promesses catégoriques dont l'exécution serait éludée par un Gouvernement à peine constitué.

Veuillez agréer, etc.

Signé OUTREY.

CHIGASHI COUZÉ
   au Ministre de France.

11 janvier 1869.

Il y a quelque temps, dans un décret relatif aux Japonais suivant la religion chrétienne, on avait confondu la religion chrétienne et les *djia-tchin* (fausses doctrines) dans une expression commune qui avait le défaut de paraître comprendre la religion chrétienne parmi les *djia-tchin*. Depuis lors, ce texte a été corrigé et l'on a séparé ces deux noms, comme Votre Excellence doit le savoir, je crois.

Dans l'origine, il y a environ trois cents ans, on regardait la religion chrétienne comme une doctrine superstitieuse par excellence, ayant pour effet de ronger et de dévoyer le cœur de l'homme, de le rendre malheureux et de le pousser à la révolte; aussi cette religion devint-elle l'objet de l'interdiction la plus sévère, et, à cette époque, la plus grande partie du peuple regardait la religion chrétienne comme faisant partie des *djia-tchin*.

Toutes les doctrines et pratiques connues sous ce nom sont encore l'objet de la même interdiction qu'à l'origine.

Depuis l'époque à laquelle nous faisons allusion plus haut, une grande partie du peuple a conservé les mêmes idées sur la religion chrétienne et ne la distingue pas encore comme une doctrine juste.

Autoriser cette religion avant que la plus grande partie du peuple soit arrivée à se rendre compte de cette distinction serait de la part du Gouvernement une mesure inopportune.

Il faudrait donc que la question fût ouvertement discutée, que les doctrines justes fussent clairement distinguées de tout ce qui constitue les *djia-tchin*. Mais, à une époque où la guerre civile était partout répandue dans le pays, on n'a pu s'occuper de cela; les lois relatives à ces questions n'ont donc pu être établies d'une manière uniforme, et nous ne pourrions affirmer que, dans les différentes parties du Japon, on n'ait pas adopté des mesures différentes pour le règlement de ces questions.

Toutefois le moment est venu où le caractère de nos relations avec votre pays devient particulièrement sérieux, et ce serait compromettre ces relations que de traiter avec cruauté des Japonais qui embrassent la religion de votre pays.

C'est pourquoi, à la suite des délibérations qui ont eu lieu dans le Gouvernement, il a été décidé que l'on ne maintiendrait pas ces lois cruelles et que l'on aurait recours à des mesures plus douces et plus humaines.

Tel est, etc.

Signé Chigashi Couzé.

───────

Le Ministre de France au Japon,
     au Ministre des Affaires étrangères.

Yokohama, le 11 février 1869.

Monsieur le Marquis, le 12 du mois dernier, j'ai eu l'honneur d'envoyer à Votre Excellence copie de la note qui nous avait été adressée par le Gouvernement Japonais au sujet des Chrétiens. Aujourd'hui, je m'empresse de vous transmettre copie de la réponse identique que tous les Représentants étrangers ont faite à cette communication.

Comme j'ai déjà eu l'occasion de le signaler dans le cours de ma correspondance avec le Département, la question des Chrétiens est une des plus délicates qui puissent se présenter dans les relations de l'Europe avec le Japon. Le nouveau Gouvernement se montre animé des meilleures dispositions, mais il peut à peine dissimuler combien il est obligé de prendre de précautions pour ne pas heurter trop violemment les préjugés invétérés, non-seulement du peuple, mais aussi des Daïmios. Mes Collègues et moi avons voulu tenir compte de cette situation et nous nous sommes bornés à prendre acte du bon vouloir manifesté par le Gouvernement, sans chercher à exercer sur lui une pression pour le retrait immédiat des lois considérées jusqu'à présent comme fondamentales.

Le but principal de nos efforts doit être aujourd'hui de faire cesser les persécutions, sans trop nous préoccuper des moyens qui seront employés et nous n'avons manqué aucune occasion d'agir dans ce sens auprès des autorités japonaises. Nous avons parlé au Premier Ministre des nouvelles déplorables qui nous arrivaient des îles Goto, et nous avons insisté pour qu'il envoyât sur les lieux un agent spécial, muni d'instructions catégoriques de nature à mettre un terme aux mauvais traitements dont les Chrétiens étaient l'objet de la part des autorités locales. Quoique les Ministres nous aient donné à cet égard les assurances les plus satisfaisantes, nous avons cru opportun de revenir sur ce sujet dans la lettre que nous avons adressée à Chigashi Couzé. Nous avons également réclamé la bienveillance du Mikado en faveur des cent quatorze Chrétiens exilés, il y a quelques mois, du village d'Ourakami et internés du côté de Simonosaki. Il paraît, d'ailleurs, que ces déportés dont on ignorait le sort et que l'on croyait avoir été condamnés à mort, subissent un traitement relativement assez doux et que, sous ce rapport, le Gouvernement Japonais tient, dans une certaine mesure, les promesses de modération qu'il nous a faites.

Quant à ce qui se passe dans les îles de Goto, je dois dire que les renseignements que nous avons sont très-peu concordants. D'après les informations qui m'ont été envoyées de Nangasaki, plusieurs centaines d'individus auraient été poursuivis et torturés à cause de leurs croyances. Cependant les agents de diverses Puissances établis à Nangasaki révoquent en doute ces nouvelles. Ils signalent bien des troubles dans les îles Goto, mais ils les attribuent à des causes qui n'auraient rien de commun avec la religion, et ils croient que si des Chrétiens ont été impliqués dans des mesures de répression générale, on ne peut pas accuser les autorités d'avoir cédé à des sentiments de fanatisme.

Veuillez agréer, etc.

Signé OUTREY.

Le Ministre de France au Japon
à Chigashi Couzé.

Yokohama, le 9 février 1869.

Monsieur le Ministre, conjointement avec mes collègues, les Représentants des autres Puissances signataires, j'ai pris connaissance de la communication que Votre Excellence m'a fait l'honneur de m'adresser le 11 janvier dernier pour me faire connaître les intentions du Gouvernement du Mikado relativement aux Japonais qui exercent la religion chrétienne.

C'est avec une profonde satisfaction que j'ai appris, par cette communication, que le Gouvernement du Mikado est convaincu que la religion chrétienne ne doit pas être classée parmi les superstitions traitées depuis longtemps par les Japonais de sorcelleries; qu'il a, en conséquence, reconnu la nécessité de soumettre la question à une discussion publique, afin que le peuple japonais soit amené à établir une distinction exacte entre les pratiques de sorcellerie et les maximes sages et pures du christianisme, confondues jusqu'ici dans la même mesure de proscription.

Je vois également que le Gouvernement désire se guider en cette circonstance d'après les idées de progrès du siècle, et, enfin, qu'il se rend compte qu'en punissant les Japonais pour le fait de professer la religion chrétienne, il donnerait de justes motifs d'être offensés aux Gouvernements avec lesquels il entretient aujourd'hui des relations intimes et amicales.

Votre Excellence m'annonce, en terminant, que le Gouvernement du Mikado a résolu de ne pas maintenir plus longtemps les anciennes lois sévères, et qu'il adoptera à leur place des mesures douces et bienveillantes.

Je suis heureux d'exprimer à Votre Excellence combien j'apprécie hautement les motifs humains et libéraux qui ont amené le Gouvernement du Mikado à entrer dans cette voie, et c'est avec un profond intérêt que je constaterai le succès des mesures que, sans doute, il a dû prendre pour assurer l'adoption de ses vues par tout le Japon.

La cessation de la guerre permettra maintenant au Gouvernement du Mikado de prêter une attention immédiate et sérieuse à cette question, et la nécessité d'agir ainsi n'est que trop prouvée par les persécutions que l'on dit avoir lieu dans les îles de Goto.

D'après les renseignements qui me sont parvenus, il paraîtrait qu'un grand nombre de personnes, parmi lesquelles se trouveraient des femmes et des enfants, auraient été arrêtées dans ces îles par les autorités locales et soumises à la torture ou à de dures privations pour avoir professé la foi chrétienne.

Dans l'entrevue qu'il a eue, le 27 janvier dernier, avec les Représentants étrangers, le Premier Ministre de Sa Majesté a donné l'assurance formelle que des officiers seraient immédiatement envoyés sur les lieux avec ordre de faire une enquête et de mettre fin à ces persécutions. Je viens d'apprendre en effet que Yamagoutchi-Hanjo vient d'être chargé de cette mission. J'espère donc que Votre Excellence voudra bien faire connaître le plus tôt possible aux Représentants étrangers les informations qui lui parviendront sur la répression de semblables persécutions, si contraires aux assurances données au nom du Gouvernement du Mikado.

Les instructions que je viens de recevoir m'ont mis à même d'apprécier la pénible impression qu'a produite sur le Gouvernement de l'Empereur la nouvelle de la déportation des Chrétiens indigènes d'Oura-kami, au mois de juillet dernier.

Je crois donc pouvoir assurer Votre Excellence que si, en mettant en pratique la politique douce et éclairée dans laquelle le Gouvernement Japonais est entré, il rendait à leurs foyers les Chrétiens déportés, cette mesure serait considérée par mon Gouvernement comme une nouvelle preuve d'égards de la part du Mikado pour les sentiments des Puissances avec lesquelles Sa Majesté cherche à entretenir des relations amicales.

Veuillez agréer, etc.

Signé OUTREY.

**M. LE MARQUIS DE LA VALETTE**, Ministre des Affaires étrangères, au Ministre de France au Japon.

(EXTRAIT.)

Paris, le 19 mars 1869.

Monsieur, dans l'affaire des Chrétiens du Sud, le Gouvernement Japonais a pris l'initiative d'une démarche ayant pour but de vous donner des explications et de vous assurer de ses dispositions conciliantes. La note qui vous a été passée n'est point, comme vous le faites remarquer, tout ce qu'on pouvait désirer. Mais c'est un pas fait en avant, et les déclarations des Ministres du Mikado, si on les compare au langage qu'ils tenaient naguère, accusent un travail des esprits au Japon et un changement notable dans les dispositions de son Gouvernement que nous devons constater avec satisfaction.

Recevez, etc.

Signé LA VALETTE.

---

**LE MINISTRE DE FRANCE** au Japon au Ministre des Affaires étrangères.

Yokohama, le 11 mai 1869.

Monsieur le Marquis, la question des Chrétiens ne marche pas d'une façon aussi satisfaisante que nous aurions pu l'espérer; les persécutions dans les îles Goto continuent, et cependant les Ministres du Mikado viennent de nous écrire pour nous annoncer que l'agent envoyé sur les lieux avec la mission de faire une enquête n'a constaté aucun des faits sur lesquels nous avons appelé l'attention du Gouvernement.

Les Autorités japonaises soutiennent que les arrestations dont on s'est plaint n'avaient rien de commun avec la question religieuse et qu'elles avaient atteint indistinctement un certain nombre de sujets indigènes ayant pris part à une rébellion. Elles protestent d'ailleurs des sentiments de bienveillance dont le Gouvernement du Mikado est animé à l'égard des Chrétiens.

En présence d'une négation aussi absolue des faits, nous pensons qu'il y a opportunité à mettre sous les yeux des Ministres les détails circonstanciés qui nous sont parvenus, en demandant des explications plus catégoriques. Mais, je ne saurais trop le répéter, Monsieur le Marquis, la question des Chrétiens au Japon est extrêmement délicate, et nous devons mettre une grande circonspection dans nos démarches. Je demande donc à Votre Excellence de me permettre d'agir lentement et avec beaucoup de ménagement.

Veuillez agréer, etc.

Signé OUTREY.

Le Ministre de France au Japon
au Ministre des Affaires étrangères.

(EXTRAIT.)

Yokohama, le 9 mars 1869.

Monsieur le Marquis, la troisième échéance de l'indemnité de Sakaï a été exactement payée par le Gouvernement Japonais et j'ai reçu d'Osaka une traite de 50,000 piastres dont le montant a été versé entre mes mains aujourd'hui même.

Veuillez agréer, etc.

Signé OUTREY.

Le Ministre de France au Japon
  au Ministre des Affaires étrangères.

Yokohama, le 10 mai 1869.

Monsieur le Marquis, comme le Département ne l'ignore pas, au commencement de 1867, le Gouvernement du Taïkoun, qui avait assumé la responsabilité de l'indemnité de 3 millions de piastres stipulée à la suite de l'expédition de Simonosaki, n'avait encore payé que la moité de cette somme et s'était engagé à compléter les versements en retard dans l'espace de deux ans en payant un intérêt convenable. Mes collègues et moi avons pensé que ce délai devant expirer le 15 de ce mois, il y avait lieu de faire une démarche pour mettre le Gouvernement du Mikado en demeure d'exécuter les engagements du Gouvernement auquel il a succédé. Nous avons, en conséquence, adressé une lettre identique aux Ministres japonais. Aucune réponse n'y a encore été faite et j'ai tout lieu de croire qu'on demandera encore un délai, demande qu'il me paraît difficile de repousser en présence de la situation financière du pays.

Veuillez agréer, etc.

Signé Outrey.

———

Le Ministre de France au Japon
  au Ministre des Affaires étrangères.

Yokohama, le 5 juin 1869.

Monsieur le Marquis, par une dépêche en date du 10 mai, j'ai rendu compte à Votre Excellence de la démarche que j'avais faite, d'accord avec mes collègues, relativement à l'indemnité de Simonosaki.

Le 15 mai, le Prince Owasima est venu lui-même à Yokohama pour traiter avec nous, mais je n'étais pas satisfait du silence qu'il avait gardé après les différents attentats dont les Français avaient été victimes; sir Harry Parkes, de son côté, avait eu à se plaindre d'insultes réitérées contre ses nationaux; de sorte que nous avons, l'un et l'autre, refusé d'assister à la conférence qui nous était demandée. Au bout de quelques jours, le Premier Ministre m'ayant fait des excuses complètes au nom du Gouvernement et le Ministre d'Angleterre ayant également obtenu satisfaction, nous nous sommes réunis avec le Prince Owasima et différents fonctionnaires japonais pour recevoir la réponse définitive du Gouvernement du Mikado.

D'après ce qui a été convenu avec le Prince Owasima, les Ministres nous ont adressé, le 4 de ce mois, la lettre dont Votre Excellence trouvera ci-joint la traduction.

Il est incontestable que le Gouvernement du Mikado a de grands embarras financiers, et qu'il lui serait bien difficile de faire droit immédiatement à nos réclamations. Je crois donc qu'en accordant le délai de trois ans et en abandonnant les intérêts échus et ceux qui deviendraient exigibles en 1872, le Gouvernement de l'Empereur donnerait une preuve de ses sentiments de bienveillance pour une administration qui, jusqu'à ce jour, a fidèlement rempli tous les engagements pris vis-à-vis de la France.

Veuillez agréer, etc.

Signé Outrey.

---

LES MINISTRES DU MIKADO

au Ministre de France.

Yédo, le 4 juin 1869.

Nous avons l'honneur d'accuser réception à Votre Excellence de la lettre qu'elle nous a adressée le 22 avril, relativement à l'indemnité de Simonosaki, lettre dans laquelle elle nous fait observer que la moitié de cette indemnité, soit 1,500,000 dollars, reste à payer.

Nous savions déjà que notre Gouvernement était redevable de cette somme, et notre intention était de la verser dans les délais fixés; mais, comme Votre Excellence le sait, depuis le printemps de l'année dernière, s'opère dans notre pays une grande réforme. Les remaniements de tous genres qu'elle entraîne ont laissé beaucoup de choses inachevées; de plus, la guerre civile n'a pas cessé de sévir dans le pays. Cette situation a occasionné à l'Empire des dépenses considérables : aussi nous est-il impossible, à un pareil moment, de payer en une seule fois une somme aussi forte que celle que vous indiquez.

Nous désirerions obtenir un délai de trois ans, c'est-à-dire avoir jusqu'au 15 mai 1872, pour payer cette somme de 1,500,000 dollars.

De plus, si les quatre Puissances auxquelles nous sommes redevables de l'indemnité consentaient à nous exonérer des intérêts de la susdite somme jusqu'au 15 mai dernier et de ceux à courir à partir de cette date pendant les trois années, nous reculerions pour toutes les Puissances jusqu'à la date du renouvellement des traités (1872) l'époque à laquelle, conformément à la Convention du 1er juin dernier, doivent être augmentés les droits sur la soie et le thé.

Telles sont réellement les dispositions de notre Gouvernement, sur lesquelles nous appelons toute l'attention de Votre Excellence, en la priant de les communiquer à son Gouvernement et de nous accorder son bienveillant appui.

Signé Owasima Tchion Na Gou,

Chigashi Couzé Djin Djio,

Okouma Sii-i.

M. le Prince de La Tour d'Auvergne,
Ministre des Affaires étrangères,
au Ministre de France au Japon.

Paris, le 5 octobre 1869.

Monsieur, ainsi que je vous l'ai laissé pressentir dans mes précédentes dépêches, le Cabinet de Londres a jugé comme nous qu'il convenait d'approuver l'arrangement dont vous avez, en même temps que vos collègues, débattu les bases avec le Gouvernement Japonais au sujet du payement de la seconde moitié de l'indemnité de Simonosaki. J'ai l'honneur de vous envoyer une copie de la dépêche que M. l'Ambassadeur d'Angleterre m'a adressée pour m'informer de cette décision. Comme vous le verrez, le Gouvernement Britannique entend qu'aucun nouveau délai ne nous sera demandé, et il désirerait aussi que la diminution des droits d'exportation sur la soie et le thé, qui nous est accordée en échange de nos concessions, ne fût pas temporaire, mais définitive. C'est là un désir auquel nous ne pouvons que nous associer et auquel nous espérons que le Gouvernement Japonais ne refusera pas satisfaction. Lord Lyons m'annonçait en même temps l'adhésion des États-Unis à notre manière de voir, et, quant aux Pays-Bas, je viens d'apprendre qu'ils s'y sont également ralliés. L'accord se trouvant ainsi complet entre les quatre Puissances intéressées, je vous prie de vous concerter avec vos collègues, qui auront sans aucun doute reçu des instructions dans le même sens, et de faire les démarches nécessaires pour arriver au règlement de cette question.

Recevez, etc.

Signé Prince de La Tour d'Auvergne.

LE MINISTRE DE FRANCE au Japon
   au Ministre des Affaires étrangères.

Yokohama, le 14 janvier 1869.

Monsieur le Marquis, le 23 décembre dernier, le Gouvernement Japonais, conformément à une entente préalable établie entre lui et les Représentants étrangers, nous a écrit pour nous proposer de fixer au 1er janvier 1869 l'ouverture du port de Niégata et de la ville de Yédo. Votre Excellence trouvera, ci-joint, copie des deux lettres des Ministres des Affaires étrangères et de la réponse par laquelle j'ai donné mon adhésion aux réformes projetées.

Je me suis empressé de faire une notification à nos nationaux, et depuis quinze jours, l'ouverture si souvent retardée de ces deux localités est un fait accompli.

Pendant les premiers huit jours de ce mois, Yédo a été littéralement envahi par les résidents de Yokohama, et je suis heureux de pouvoir ajouter que nous n'avons eu à regretter aucun accident. Votre Excellence remarquera, d'ailleurs, que nous avons astreint nos nationaux à l'obligation de se munir de passe-ports pour se rendre dans la capitale. C'était le seul moyen que nous eussions d'exercer un contrôle sur la conduite des Européens allant visiter la capitale ou se proposant d'y résider.

Veuillez agréer, etc.

Signé OUTREY.

------

LES MINISTRES DU MIKADO
   au Ministre de France.

23 décembre 1868.

Nous avons l'honneur d'écrire à Votre Excellence au sujet du port de Niégata dans la province d'Etchigo. Ce pays étant maintenant

entièrement pacifié, nous avons l'intention d'ouvrir le port de Niégata
à partir du 1er janvier 1869.

Si Votre Excellence n'a aucune objection à nous faire à cet égard,
nous prendrons dès à présent les dispositions nécessitées par cette
mesure.

Signé Owasima Tchion Na Gou,<br>
Chigashi Couzé Djin Djio.

---

LES MINISTRES DU MIKADO
    au Ministre de France.

23 décembre 1868.

Nous avons l'honneur de porter à votre connaissance que nous nous
proposons d'ouvrir la ville de Yédo, le 1er janvier 1869; dans le cas
où vous n'y verriez pas d'inconvénient, nous prendrons les mesures
nécessaires pour cela.

Toutefois les Européens ne pourront provisoirement se promener
ni en dehors ni dans l'enceinte du Siro. Nous avons eu l'honneur
dernièrement de soumettre à Votre Excellence les limites relatives à
ces restrictions et elle y a, croyons-nous, donné son approbation.

Signé Owasima Tchion Na Gou,<br>
Chigashi Couzé Djin Djio.

---

LE MINISTRE DE FRANCE au Japon
    aux Ministres du Mikado.

Yokohama, le 30 décembre 1868.

J'ai reçu les deux lettres par lesquelles Vos Excellences m'informent
de l'intention qu'aurait le Gouvernement d'ouvrir le port de Niégata

et la ville de Yédo au commerce étranger, à partir du 1er janvier prochain.

Je donne mon adhésion la plus complète à ces mesures et je ne puis que féliciter le Gouvernement du Mikado de cette nouvelle preuve qu'il donne de son désir de se conformer aux stipulations des traités.

Veuillez agréer, etc.

Signé OUTREY.

---

NOTIFICATION ADRESSÉE PAR LE MINISTRE DE FRANCE AUX RÉSIDENTS FRANÇAIS À YOKOHAMA AU SUJET DE L'OUVERTURE DU PORT DE NIÉGATA ET DE LA VILLE DE YÉDO.

Le Ministre plénipotentiaire de France a l'honneur de prévenir les sujets Français que le port de Niégata et la ville de Yédo sont ouverts au commerce étranger à partir du 1er janvier prochain. Cette mesure entraine, en ce qui touche le port de Yédo, une modification aux articles 8 et 9 de la Notification faite par la Légation au mois de novembre 1867.

Ces deux articles, par suite d'un accord entre les Représentants et les Autorités japonaises, ont été remplacés par les articles suivants :

ART. 8. — En exécution des dispositions des traités relatives à la résidence des étrangers à Yédo, tout étranger se rendant dans cette ville, à moins qu'il ne soit un officier en uniforme, devra être muni d'un passe-port émanant de l'autorité consulaire de sa Nation à Yokohama et contre-signé par le Handji de Kanagawa. Les étrangers venant de Yokohama par terre seront requis de présenter leur passe-port au bac de Kawasaki; ceux qui viendront par mer ne pourront débarquer qu'à Tamachi et Tsoukidji, et ils devront présenter leur passe-port toutes les fois qu'ils en seront requis par les Autorités japonaises. Tout étranger qui ne sera pas muni d'un passe-port, à l'exception des officiers susmentionnés, pourra être arrêté et conduit à son Consul.

ART. 9. — Les allèges, les remorqueurs, les bateaux portant des passagers étrangers, ainsi que toutes les autres embarcations appartenant à des étrangers, à l'exception de celles qui appartiennent aux navires de guerre, devront, en arrivant à Yédo, entrer par le chenal situé entre les deux forts et indiqué par deux bouées blanches.

# AFFAIRES COMMERCIALES.

# AFFAIRES COMMERCIALES.

LE MINISTRE DES AFFAIRES ÉTRANGÈRES,
    à M. le Comte BENEDETTI, Ambassadeur de l'Empereur à
    Berlin.

Paris, 5 juin 1869.

Monsieur le Comte, mon Département vous a entretenu, à diverses reprises, d'une demande de quelques-uns de nos industriels qui réclament, pour les tissus allemands imprimés en France et réimportés dans le Zollverein, des faveurs analogues à celles que l'article 6 de la Convention Austro-Prussienne du 11 avril 1865 confère aux fabricants autrichiens. Cette réclamation se fonde sur l'article 31 du traité de commerce conclu entre la France et la Prusse, le 2 août 1862, qui stipule le traitement de la nation la plus favorisée, et elle a pour objet, en définitive, d'obtenir que les tissus allemands destinés à recevoir l'impression dans nos fabriques, admissibles en franchise sur le territoire de l'Empire quand ils doivent être réexportés, puissent être réintroduits dans leur pays d'origine sans y acquitter de droit d'entrée.

Les démarches que vous avez faites auprès de la Chancellerie fédérale dans l'intérêt de nos industriels, n'ont pas encore abouti à une

solution satisfaisante; la dernière communication que vous m'avez
adressée à ce sujet m'ayant fait connaître les divers arguments qui
nous sont opposés, je me suis empressé de les soumettre à un examen
approfondi. Cette nouvelle étude de la question n'a fait, Monsieur
le Comte, que fortifier en nous la conviction que notre demande
repose sur une juste et saine interprétation de l'article 31 du traité
de 1862.

Ainsi que je l'ai déjà précédemment indiqué, les négociations commerciales successivement engagées entre les divers États ont traversé
deux phases très-distinctes. Autrefois le traitement de la nation la plus
favorisée était stipulé sous la réserve expresse que les avantages concédés à une tierce puissance seraient accordés à l'une et à l'autre des
parties contractantes, gratuitement si la concession était gratuite et
moyennant compensation si la concession était faite à titre onéreux;
c'était l'application du principe de la réciprocité, qui a pendant longtemps été pris pour base de négociation. Plus tard, la clause du traitement de la nation la plus favorisée a été interprétée dans un sens
plus large et plus libéral; la rédaction de cette clause a été dégagée
des conditions auxquelles en était primitivement subordonnée l'application; elle a impliqué, de plein droit, la jouissance, pour l'une et
l'autre des parties contractantes, de toute faveur, de tout privilége ou
de tout abaissement de droits qui serait accordé à une tierce puissance; c'était la substitution au principe de réciprocité d'un principe
nouveau, qui est aujourd'hui généralement admis partout, celui de
l'*égalité sur le marché*, c'est-à-dire qu'aucune situation privilégiée ne
peut être faite à un État quelconque, ni pour un motif quelconque,
dans l'un des pays contractants, où il ne doit plus exister qu'un seul et
unique régime applicable à tous.

Le sens de cette clause du traitement de la nation la plus favorisée
a toujours été considéré par le Gouvernement de l'Empereur comme
tellement impératif, tellement indépendant des circonstances qui avaient
pu nous déterminer, dans le cours de nos diverses négociations, à consentir à une concession nouvelle, que la promulgation de tout acte
conventionnel a été invariablement suivie d'un décret étendant au

Zollverein, sans conditions ni réserves, le bénéfice des avantages de toute nature que nous venions d'accorder à une tierce puissance. J'ajouterai que le Gouvernement Prussien n'avait point jusqu'à ce jour agi différemment à l'égard de la France.

L'application de ce principe, *l'égalité sur le marché,* a eu d'ailleurs une autre conséquence naturelle, c'est que, dans toute négociation commerciale, le Gouvernement de l'Empereur a dû, lorsqu'une concession lui était demandée, se préoccuper constamment de notre situation économique vis-à-vis non pas seulement de l'État avec lequel il traitait, mais aussi de tous les pays qui seraient appelés à jouir, de plein droit et sans conditions, des mêmes faveurs; et, dans bien des cas, cette considération a été la seule cause des résistances que nous avons opposées aux demandes qui nous étaient faites, malgré les avantages de réciprocité ou autres qui nous étaient offerts en retour.

Cette doctrine admise, et elle me paraît indiscutable, l'argumentation du Gouvernement Prussien sur la question des admissions temporaires tombe d'elle-même. Dès que l'Autriche a obtenu, dans le Zollverein, un avantage qui ne nous a pas été concédé par le traité de 1862, le bénéfice doit nous en être immédiatement acquis de plein droit, quel que soit le prix auquel, pour des raisons qui nous restent étrangères, elle a dû acheter cet avantage; autrement elle jouirait *sur le marché du Zollverein* d'un traitement privilégié, ce qui serait contraire à la clause du traitement de la nation la plus favorisée dont nous invoquons l'application.

Nous réclamons donc purement et simplement, Monsieur le Comte, le traitement accordé à l'Autriche dans le Zollverein. On ne saurait nous objecter que, ce traitement lui ayant été concédé moyennant une réciprocité qui n'existerait pas en France, il en résulterait pour nous une situation plus avantageuse. Cet argument ne saurait nous toucher, car ce serait déplacer la question. Nous ne demandons, je le répète, que l'égalité sur le marché du Zollverein, de même que la Prusse et l'Autriche n'ont le droit de demander que l'égalité sur le marché français; la Prusse et la France, l'égalité sur le marché autrichien.

Si les négociateurs du traité austro-allemand ont cru devoir s'assurer la réciprocité du traitement pour leurs pays respectifs, ils n'ont pu, sur ce dernier point, engager que leurs propres Gouvernements l'un vis-à-vis l'un de l'autre, et ils n'ont pu nous obliger à payer du même prix la faveur qu'il leur convenait de se concéder; ils ne pouvaient, d'ailleurs, perdre de vue les conséquences qui en résulteraient au profit des autres États, et que, pour notre part, comme je l'ai fait remarquer plus haut, nous avons toujours eues présentes à la pensée dans nos diverses négociations commerciales.

Quant aux objections tirées de la situation dans laquelle se trouverait l'Autriche, qui pourrait se croire autorisée, de son côté, en vertu de la clause du traitement de la nation la plus favorisée, à réclamer de la la Prusse le bénéfice pur et simple des avantages qui nous seraient accordés, en se libérant des engagements qu'elle a contractés par l'article 6 du traité austro-allemand, elles ne seraient pas plus fondées. Dans la plupart des conventions, à côté d'une disposition générale définissant, en principe, la nature des relations qui devront s'établir entre les deux parties contractantes, il existe quelque clause particulière aux deux États, destinée à restreindre, dans certains cas déterminés, la portée ou l'application de cette disposition générale. Dans l'espèce, l'Autriche, en ce qui la concerne, et pour des motifs que nous n'avons pas à apprécier, se serait donc, aux termes de l'article 6 et sur ce point spécial, aliéné la faculté de réclamer la jouissance du traitement de la nation la plus favorisée; mais il n'en résulterait pas pour nous une position privilégiée sur le *marché du Zollverein*, ce qui est le véritable nœud de la question; le privilége existerait, au contraire, pour l'Autriche, si elle devait être admise à jouir, dans les États de l'Association douanière, d'un avantage qui ne nous serait point accordé.

En résumé, Monsieur le Comte, la question n'intéresse pas seulement nos industriels dans le cas particulier dont il s'agit; c'est une question de principe qu'il nous importe essentiellement de voir résoudre dans le sens de l'interprétation qui a toujours été donnée aux stipulations comme celles de l'article 31 du traité de 1862; il y aurait, à nos yeux, un véritable danger à ce que cette interprétation fût mé-

connue; je vous serai donc obligé de tenter tous les efforts possibles
pour la faire accepter par le Gouvernement Prussien.

Agréez, etc.

Signé La Valette.

———————

L'Ambassadeur de France à Berlin
    au Ministre des Affaires étrangères.

Berlin, le 13 juin 1869.

Monsieur le Marquis, j'ai reçu la dépêche que Votre Excellence
m'a fait l'honneur de m'adresser le 5 de ce mois, au sujet des admissions temporaires, et, me conformant à vos instructions, j'ai renouvelé
auprès de la Chancellerie fédérale les démarches que j'avais déjà tentées pour faire reconnaître la légitimité de notre demande. Je me suis
particulièrement attaché, en m'inspirant des considérations développées dans la communication de Votre Excellence, à placer la question
sur son véritable terrain, celui des principes en matière de transactions conventionnelles; j'ai insisté sur la convenance et la nécessité
de conserver à la clause du traitement de la nation la plus favorisée
la portée libérale que lui attribuent l'esprit et le texte des traités conclus dans ces dernières années.

La question doit être soumise à l'examen du Conseil fédéral douanier et, dès qu'une résolution aura été prise par la Chancellerie fédérale, j'aurai l'honneur d'en informer Votre Excellence.

Veuillez agréer, etc.

Signé Benedetti.

———————

Le Ministre des Affaires étrangères
à M. le Baron Mercier de Lostende, Ambassadeur de France
à Madrid.

Paris, le 6 novembre 1869.

Monsieur le Baron, l'Espagne a promulgué, dans le courant de cette année, une nouvelle législation douanière qui se recommande par une simplification notable des bases de la perception, par la levée des prohibitions et par une réduction relative des droits afférents au plus grand nombre des marchandises. Toutefois, en regard de ces améliorations du régime antérieur, nous devons constater le maintien de quelques-unes des taxes les plus onéreuses pour notre commerce, et même l'aggravation de quelques autres, de celles notamment qui atteignent notre industrie viticole. Nous devons surtout noter l'attribution de valeurs exagérées aux produits que nous importons, ayant pour conséquence de faire ressortir les droits spécifiques du tarif à des taux supérieurs aux bases fixées par la loi de douanes. La réforme accomplie dans la Péninsule ne témoigne donc guère que des aspirations libérales de son Gouvernement, et, si nous devons encourager de semblables dispositions, nous ne pouvons, d'un autre côté, accepter les changements effectués comme un résultat définitif et de nature à donner au mouvement des échanges entre la France et l'Espagne un développement en rapport avec celui des voies nouvelles ouvertes à la circulation internationale.

D'un autre côté, nous restons en présence des plaintes de notre commerce maritime, auquel il n'a été accordé aucune satisfaction durant le cours de l'année qui vient de s'écouler. Bien que les droits différentiels de pavillon dans la Péninsule et les îles adjacentes soient abolis en principe, trente-quatre articles, formant le principal élément du fret de nos navires, demeurent, jusqu'au 1er janvier 1872, assujettis à des surtaxes à leur importation par mer. Aucune facilité nouvelle n'a été accordée au cabotage en dehors de celles dont le pavillon étranger jouit déjà pour le transport des passagers et de certaines matières premières. Dans les colonies, à Cuba, les marchandises sont, comme par le passé, soumises à des droits différentiels d'importation qui, à Porto-Rico et aux Philippines, se combinent avec des surtaxes prélevées à la sortie des produits sous pavillon étranger. L'inégalité dans les charges afférentes à la navigation des deux pays, dans les ports de la Péninsule et de ses colonies, l'absence de réciprocité dans le régime de nos relations maritimes, ces deux objets des réclamations que vous avez été invité, l'an dernier, à présenter au Gouvernement du Régent, subsistent donc dans toute leur gravité.

Dans cet état de choses, nous serions pleinement autorisés à appliquer à nos relations maritimes avec l'Espagne le principe de la réciprocité prévu par l'article 6 de la loi du 19 mai 1866 qui a supprimé les droits différentiels de navigation en France, et à rentrer, en ce qui concerne le cabotage, dans le régime du droit commun, qui exclut les pavillons étrangers du privilége que les Espagnols partagent exceptionnellement sur nos côtes avec nos propres navires; nous avons pensé, néanmoins, qu'il y avait lieu de tenir compte, à l'Administration espagnole, des efforts qu'elle a faits pour s'engager dans la voie d'une sage réforme, et des intentions conciliantes que le Cabinet de Madrid nous a plusieurs fois témoignées. Le Gouvernement de l'Empereur a donc résolu de surseoir provisoirement aux mesures de représailles qu'il est en droit d'appliquer au pavillon espagnol; nous nous flattons que le Cabinet de Madrid appréciera les sentiments de conciliation qui nous dirigent, et qu'il mettra cet ajournement à profit pour introduire dans le régime de nos relations internationales, soit par un échange de stipulations, soit par une modification nouvelle de sa législation maritime et douanière, les changements que demande le commerce français. Mais il ne vous échappera pas, Monsieur le Baron, que cette situation provisoire est essentiellement précaire, et que le Gouvernement de l'Empereur n'est pas maître d'en garantir la prolongation, en présence des prescriptions de la loi du 19 mai 1866 et des réclamations qui peuvent se produire devant le Corps législatif.

Vous voudrez bien, Monsieur le Baron, communiquer à M. Martoz les explications qui précèdent.

Agréez, etc.

Signé Prince DE LA TOUR D'AUVERGNE.

---

LE MINISTRE DES AFFAIRES ÉTRANGÈRES
    à M. le Baron DE MAYNARD, Chargé d'Affaires de France à Lisbonne.

Paris, le 8 novembre 1869.

Monsieur, j'ai pris connaissance de la lettre que vous m'avez fait l'honneur de m'écrire, le 29 septembre dernier, pour m'informer que le Président du Conseil avait favorablement accueilli notre réclamation relative à l'arrêté de la direction générale des douanes, en date du 31 mai dernier. La mesure qui privait les marchandises françaises du bénéfice du régime de droit commun, à raison même de la convention qui leur assure un traitement de faveur dans le Portugal, ne pouvait, en effet, être attribuée qu'à une erreur de l'administration chargée du prélèvement des droits de douane, et j'ai vu avec satisfaction que le Ministre chargé du portefeuille des Affaires étrangères n'a pas hésité à partager ma manière de voir. Je vous prie, toutefois, d'insister pour que le Cabinet de Lisbonne ne tarde pas davantage à modifier les errements consacrés par l'arrêté du 31 mai.

Vous voudrez bien lui faire observer que les perceptions effectuées depuis cette époque, contrairement au mode de tarification choisi par les expéditeurs français, doivent nécessairement être rectifiées.

J'ai trouvé, d'un autre côté, dans votre lettre précitée, des informations nouvelles qui confirment celles que la Légation m'avait déjà transmises sur l'intention du Gouvernement Portugais de procéder à une révision de son tarif général. Les modifications introduites depuis

le mois de juillet dernier dans la législation des douanes espagnoles
établissent, en effet, entre le taux des droits perçus aux frontières respectives des deux États, une différence dont la contrebande doit
inévitablement profiter pour développer ses importations en Portugal.
Il est très-désirable que l'intérêt du Trésor, s'ajoutant à celui du commerce international, décide le Cabinet de Lisbonne à ne pas différer
davantage la mise à exécution de son projet de réforme.

Si nous appelons de nos vœux l'allégement des charges afférentes
à nos importations, nous ne pouvons, comme vous le savez, Monsieur,
nous borner à la manifestation de simples désirs au sujet du prompt
achèvement des travaux des commissions chargées, d'une part,
de régler l'abolition des surtaxes dans les colonies portugaises et,
d'autre part, d'examiner s'il n'y aurait pas avantage à étendre cette
mesure au droit différentiel d'un cinquième, dont les marchandises
étrangères sont grevées à leur importation dans le Royaume sous
pavillon tiers. Le Gouvernement Portugais n'ignore pas le caractère
précaire que les franchises dont son pavillon jouit en France depuis
le 12 juin dernier conserveront, tant que la réciprocité prévue par
l'article 6 de la loi du 19 juin 1866 ne nous sera pas accordée dans
les ports du Royaume et de ses colonies. Au moment où le Corps
législatif va se réunir, nous sommes obligés de rappeler que les avantages de ce régime ne sont pas acquis au Portugal d'une manière définitive, et que, si des réclamations venaient à se produire au nom du
commerce français, il nous serait difficile d'ajourner plus longtemps
l'exécution des stipulations de la loi dont le bénéfice a été étendu par
anticipation au pavillon de cette Puissance. C'est à son Gouvernement
à nous fournir, par ses actes ou ses démarches, les moyens de justifier
les mesures que nous avons adoptées à l'égard du commerce maritime
du Portugal, dans un esprit de conciliation. Je vous prie de saisir la
première occasion de vous expliquer dans ce sens avec M. le Ministre
des Affaires étrangères.

Recevez, etc.

Signé Prince DE LA TOUR D'AUVERGNE.

Le Ministre des Affaires étrangères
à M. Berthemy, Ministre de France à Washington.

Paris, le 7 mai 1869.

Monsieur, j'ai reçu, avec la lettre que vous m'avez fait l'honneur de m'écrire le 18 du mois dernier, le texte de l'arrangement pour la garantie réciproque des marques de fabrique, que vous avez signé, le 16 du même mois, avec M. Fish, et je m'empresse, après avoir examiné les différentes dispositions de cet acte, de vous donner mon entière approbation pour l'usage que vous avez fait des pouvoirs qui vous avaient été conférés. Le projet qui vous avait été transmis a subi, il est vrai, une importante modification, par suite de la radiation du paragraphe relatif à l'importation des marques contrefaites à l'étranger. Je ne m'explique pas comment le Gouvernement de l'Union, après avoir condamné l'usurpation des marques qui peut se produire à l'intérieur, consent à tolérer l'introduction de celles qui seraient contrefaites à l'étranger. C'est, en réalité, favoriser sur le territoire des pays tiers une fraude dont on refuse justement le profit aux nationaux des parties contractantes. Ainsi que j'ai eu déjà l'honneur de vous le faire observer, en vous signalant l'arrêt rendu par la Cour fédérale de la Nouvelle-Orléans au sujet de la saisie, opérée par la douane, de vins portant une qualification erronée, les dispositions du Cabinet de Washington paraissent s'écarter de l'application que les règlements douaniers reçoivent dans un des principaux ports de l'Union. Quoi qu'il en soit, je pense, comme vous, que nous devons, quant à présent, nous contenter d'obtenir l'extension, à notre profit, des garanties antérieurement accordées à d'autres pays; il faut laisser la pratique des nouvelles dispositions produire ses enseignements, et ramener les esprits aux vues que vous avez exposées à M. Fish.

Recevez, etc.

Signé La Valette.

LE MINISTRE DES AFFAIRES ÉTRANGÈRES
à M. le Comte DE FAVERNAY, Chargé d'Affaires de France à
Washington.

Paris, le 11 novembre 1869.

Monsieur, la dépêche télégraphique que je vous ai adressée hier
vous a déjà fait connaître l'erreur commise par le Cabinet de Washington dans l'interprétation qu'il a donnée aux termes de la lettre de mon
Département, en date du 12 juin dernier, qui se bornait, d'ailleurs,
à reproduire les expressions mêmes de l'article 5 de la loi du 19 mai
1866, abolissant les surtaxes de pavillon en France. Je ne puis, il est
vrai, méconnaître que les mots *pays de production*, employés dans cet
article, semblent indiquer que les seules marchandises, qui seront
affranchies des surtaxes, seront celles que les navires étrangers, américains dans l'espèce, importeront directement dans nos ports des pays
dont elles sont originaires : tel n'est pas, toutefois, le sens de cette disposition, dont l'acception est beaucoup plus large. La suppression des
surtaxes de pavillon est générale : depuis le 12 juin dernier, il n'en
est plus perçu d'aucune espèce sur les navires américains, et leurs car-
gaisons en sont affranchies, d'où qu'ils viennent et quelle que soit l'o-
rigine des marchandises embarquées, sans qu'il y ait, par conséquent,
lieu de distinguer si elles sont importées ou non du pays dont elles
sont originaires. En réclamant du Gouvernement des États-Unis l'application à notre profit des dispositions de la section XVII de la loi du
30 juin 1864, nous avions eu soin d'indiquer, ainsi qu'il résulte des
instructions adressées à M. Berthemy le 1er février de cette année, que
nous accordions au pavillon de l'Union *la plénitude du traitement national pour toutes les opérations d'intercourse directe ou indirecte.*

La dépêche précitée, précisant les conditions du nouveau régime,
continue dans les termes suivants : « Les navires américains seront
« donc, dans tous les cas, affranchis des droits de navigation perçus

« pour le compte de l'État, et les marchandises qu'ils apporteront ne « seront passibles que des surtaxes d'entrepôt afférentes aux marchan- « dises importées sous tout pavillon *national ou autre*, des entrepôts « d'Europe. Ces surtaxes n'ont aucun caractère différentiel, puisqu'elles « atteignent, sans aucune distinction du pavillon importateur, les pro- « duits exotiques extraits des entrepôts européens; elles sont d'ailleurs « en corrélation complète avec les surtaxes établies par la section XVIII « de la loi de l'Union, du 3o juin 1864, sur les produits de l'océan « Indien importés des pays d'Europe. Je vous prie de communiquer ces « explications à M. Seward, en lui demandant, à titre de réciprocité, « l'abolition, à partir du 12 juin prochain, des surtaxes de pavillon « spécifiées à la section XVII de la loi précitée de l'Union. »

Nous avions lieu de croire que ces explications n'avaient pas laissé de doute dans l'esprit des membres du Gouvernement des États-Unis, puisque M. Boutwell, dans sa communication du 16 mars dernier à M. Berthemy, disait que les États-Unis étaient disposés à faire dispa- raître le droit différentiel d'importation à charge de réciprocité, c'est- à-dire quand ils auraient acquis la preuve qu'aucun droit différentiel d'importation n'est prélevé dans les ports de France sur *les produits manufacturés ou les marchandises importés par les navires des États-Unis, soit des États-Unis, soit de toute autre contrée.*

Quoi qu'il en soit, Monsieur, il demeure acquis que la condition prévue par la section XVII de la loi du 3o juin 1864 et rappelée par M. Boutwell est remplie par la France depuis le 12 juin dernier; il reste donc aux États-Unis à compléter l'assimilation qu'implique la réciprocité, en faisant disparaître les surtaxes qui grèvent encore les importations indirectes de la marine française, c'est-à-dire les mar- chandises étrangères apportées dans les ports de l'Union, par nos navires, d'ailleurs que des lieux de production.

Les déclarations contenues dans cette dépêche, et que je vous auto- rise à consigner dans un procès-verbal, me paraissent de nature à constituer la preuve que les institutions américaines obligent le Gou- vernement fédéral à réclamer. Il en trouverait, d'ailleurs, une autre non moins concluante dans la production des comptes des navires américains qui ont importé en France des productions étrangères, depuis le 12 juin dernier.

Je vous prie donc, Monsieur, d'insister auprès de M. Fisch pour que l'application immédiate du traitement de réciprocité prévu par la section XVII soit faite désormais, sans réserve, aux importations de nos navires.

Vous voudrez bien, Monsieur, m'informer par le télégraphe du résultat de vos démarches.

Recevez, etc.

Signé Prince DE LA TOUR D'AUVERGNE.

———

LE MINISTRE DES AFFAIRES ÉTRANGÈRES,

à M. le Marquis de BANNEVILLE, Ambassadeur de l'Empereur à Rome.

Paris, le 12 février 1869.

Monsieur le Marquis, j'ai reçu, avec votre dépêche du 18 décembre, le mémorandum par lequel Son Exc. le Cardinal Antonelli vous a fait connaître la réponse du Gouvernement Pontifical à notre dernière communication concernant l'accession projetée du Saint-Siége à la convention monétaire du 23 décembre 1865.

Il résulte de ce document et des informations dont vous avez bien voulu en accompagner l'envoi, que le Gouvernement de Sa Sainteté déclare qu'il lui est impossible d'appliquer, avant un délai de plusieurs années, les articles 6, 7, 8 et 9 de cet arrangement international, et notamment de se soumettre à l'une des clauses fondamentales du pacte d'union, celle qui limite à 6 francs par habitant, pour chacun des États contractants, le chiffre d'émission de leurs monnaies d'appoint. D'après les éclaircissements fournis pour la première fois par le

Gouvernement pontifical, il existe même actuellement en circulation dans les États de l'Église pour plus de 26 millions de monnaies divisionnaires, au lieu de 4 à 5 millions que comporterait la proportion de 6 francs par habitant, et ce chiffre paraît devoir s'élever encore, en raison des circonstances particulières dans lesquelles se trouve placé le Saint-Siége, aussi longtemps, du moins, que sera maintenu, en Italie, le cours forcé du papier-monnaie.

C'est avec un véritable regret, Monsieur le Marquis, que le Gouvernement de l'Empereur a pris connaissance de cette communication. Au point où la négociation semblait arrivée, quand, au mois de septembre dernier, mon prédécesseur invitait M. le Cte Armand à soumettre au Gouvernement Pontifical un projet de déclaration d'accession, il y avait tout lieu de compter, en effet, que la solution ne se ferait plus longtemps attendre; la discussion avait uniquement porté sur la démonétisation des pièces de 2 fr. 50 c. et de 25 centimes, et rien n'avait pu nous faire pressentir que les nouvelles monnaies romaines étaient déjà émises en quantités telles qu'il était devenu impossible au Gouvernement du Saint-Siége d'indiquer le moment où elles seraient ramenées aux proportions fixées par la convention. Nous étions même d'autant plus fondés à croire à une situation toute différente que, le 27 septembre 1868, mon prédécesseur avait été informé par le Nonce de la Sainteté « que le Gouvernement du Saint-Père était en train « de remplir toutes les conditions indiquées pour se mettre parfaite- « ment en règle avec les termes de la convention de 1865. »

L'état de choses qui nous est exposé par le Cardinal Antonelli est malheureusement bien loin de répondre aux prévisions émises dans cette note. Nous ne saurions, assurément, méconnaître la valeur des explications que donne le Gouvernement du Saint-Siége sur les causes qui l'obligent à développer d'une manière si disproportionnée la fabrication de ses espèces divisionnaires : la crise traversée en 1866 par la Banque pontificale, la perte des anciennes provinces de la Sabine et de l'Ombrie, d'où la ville de Rome continue forcément à tirer la presque totalité de sa subsistance (ce qui a pour conséquence de faire sortir de l'État, pour les besoins alimentaires de la population, une somme métallique d'environ 375,000 francs par jour), enfin le cours forcé des billets de banque en Italie, ont incontestablement placé les États-Romains, au point de vue économique et monétaire, dans une situation tout exceptionnelle. Mais si des circonstances aussi anormales peuvent justifier, à nos yeux, les réserves qui sont indiquées dans le mémorandum du Cardinal Antonelli, elles ne sauraient, d'autre part, nous faire perdre de vue les engagements réciproques que les quatre Gouvernements signataires de la convention de 1865 ont jugé indispensable de prendre lorsqu'ils ont constitué l'Union monétaire.

Or, Monsieur le Marquis, comme je le rappelais au commencement de cette dépêche, la limitation des quantités de monnaies à titre réduit qui peuvent être frappées par chacun des pays contractants est une des bases fondamentales des conventions qui s'appliquent à cette sorte de numéraire; le droit d'échange de ces mêmes espèces (art. 8 de l'acte de 1865) en est également le corollaire nécessaire. Ces deux clauses, il est aisé de le comprendre, sont la sauvegarde et la garantie des Hautes Parties contractantes, et, bien qu'elles ne suffisent pas toujours pour prévenir de fâcheuses conséquences, si l'une des parties se met, par exemple, en dehors des conditions monétaires normales par l'adoption du cours forcé de la monnaie fiduciaire, du moins elles limitent le mal et l'empêchent de s'étendre indéfiniment.

Après avoir examiné la question avec le désir le plus sincère d'arriver à une entente, le Gouvernement de l'Empereur, en ce qui le concerne, se voit, à son très-grand regret, dans l'impossibilité de souscrire, même pour un temps limité, aux restrictions que contient le mémorandum du Saint-Siége sur les points les plus essentiels de la convention; je vous prie, Monsieur le Marquis, de vouloir bien en informer le Gouvernement du Saint-Père.

Agréez, etc.

Signé La VALETTE.

Le Ministre des Affaires étrangères
   aux Agents diplomatiques et consulaires de France dans
   l'extrême Orient.

Paris, 30 juin 1869.

Monsieur, vous savez que les lois des 8 juillet 1852, 18 mai 1858
et 19 mars 1862, qui ont constitué, sur les mêmes bases que dans
les échelles du Levant, la juridiction consulaire en Chine, au Japon
et dans le Royaume de Siam, ont dévolu à la Cour impériale la moins
éloignée, celle de Pondichéry, les appels des jugements rendus en
premier ressort par nos tribunaux consulaires, ainsi que la connaissance des crimes que des sujets français viendraient à commettre
dans ces trois pays. Mais le motif de proximité qui a fait désigner
cette Cour n'avait qu'une valeur relative, et, soit pour l'envoi des dos-
siers de procédure, soit pour le déplacement des plaideurs et des
témoins, soit enfin pour la translation des Français accusés de crimes,
la difficulté des communications et la longueur des distances entraî-
naient souvent des frais et des retards considérables.

Or, les trois Départements des Affaires étrangères, de la Justice et
de la Marine se sont accordés à reconnaître que, pour obvier à ces
inconvénients, il y avait lieu d'investir purement et simplement les
tribunaux de Saïgon des attributions conférées à ceux de Pondichéry
par les trois lois ci-dessus énumérées. Cette mesure leur a paru
d'autant plus opportune que l'organisation judiciaire des possessions
françaises de Cochinchine, telle que l'a complétée le décret du 7 mars
1868, offre toutes les garanties d'une bonne administration de la
justice : la Cour impériale de Saïgon est composée d'un président, de
deux conseillers et d'un conseiller auditeur; il y a près d'elle un procureur général, chef du service judiciaire; enfin, les arrêts rendus par
les tribunaux de cette colonie sont, en matière civile et commerciale,
attaquables par la voie du pourvoi devant la Cour suprême.

Ces considérations, Monsieur, ont motivé la présentation aux

Chambres et le vote de la loi du 23 avril dernier, qui a conféré à la Cour impériale de Saïgon les appels des jugements consulaires de la Chine, du Royaume de Siam et du Japon, ainsi que la connaissance des crimes commis par des Français dans ces mêmes contrées. En vous adressant ci-joint le texte de cet acte législatif, je ne puis que vous recommander, Monsieur, de vous conformer, dans l'occasion, aux dispositions qui s'y trouvent contenues; vous voudrez bien, d'ailleurs, les porter à la connaissance des sujets français établis dans votre cir-conscription.

Recevez, etc.

Signé La Valette.

www.ingramcontent.com/pod-product-compliance
Lightning Source LLC
Chambersburg PA
CBHW062225270326
41930CB00009B/1870